世界と日本
がわかる
国ぐにの歴史

一冊でわかる
オランダ史

【監修】水島治郎
Mizushima Jiro

河出書房新社

はじめに

「水」でつながるオランダと日本

オランダを訪れる人は誰しも、アムステルダムなどの都市を縦横無尽に走る運河や、郊外の農村地帯を流れる水路の織りなす風景に見とれたことがあるのではないでしょうか。大河川の河口地帯に位置し、歴史的に長きにわたって水と闘い、水を治め、そして水を活用してきたオランダの歴史が、今も目の前の風景に広がっているのです。そして17世紀のオランダは、海を越えて世界に羽ばたき、海洋帝国として覇《は》を唱《とな》えました。

そのオランダは、水を通じて日本ともつながっています。オランダ船が長崎・出島に来航した江戸時代を含め、400年にわたり日蘭は密接な関係を続けてきました。明治日本はオランダの治水技術を取り入れ、国土の開発に努めました。

この本は、日本との関係に留意しながら、オランダの歴史をわかりやすくまとめたものです。今も最先端の改革を進めるグローバルな小国・オランダの歩みを学ぶことは、岐路《きろ》に立つ現代の日本にとっても、大きな示唆《しさ》を与えてくれることでしょう。

監修　水島治郎

知ってびっくり！

オランダの4つのひみつ

初めてオランダ史にふれるあなたに、意外な事実を紹介します！

ひみつ1

「八重洲」という地名は、オランダ人がルーツ!?

東京駅を利用したことのある人なら、八重洲《やえす》口を知っているかもしれません。この八重洲という名称は、江戸時代が始まる前、1600年に日本へやってきたオランダ人の名前がもとになっているのです。

→くわしくは 110 ページへ

ひみつ2

オランダの総督が、イギリスの君主に!?

今でこそオランダには国王、そして王室が存在しますが、17世紀後半時点では、総督《そうとく》に就任した人物がオランダの実質的な君主でした。そのオランダの総督が何とイギリスの国王になったのです。

→くわしくは 129 ページへ

ひみつ3

オランダには“首都”と“事実上の首都”がある!?

「水の都」とも称されるアムステルダムは、オランダの首都です。しかし、国王の執務室のある宮殿や国会をはじめとする主な政府機関は“事実上の首都”とされるハーグに置かれています。

→くわしくは 37 ページ、149 ページへ

ひみつ4

世界一の人工湖は、もともと海だった!?

面積が約1200㎢（琵琶湖の1.5倍以上）であり、人工的につくられた淡水湖（ダム湖を除く）としてアイセル湖は世界一の広さを誇ります。もとは湾でしたが、なぜ、湖に生まれ変わったのでしょう。

→くわしくは 176 ページへ

さあ、オランダ史をたどっていこう!

目次

＜デルフトの新教会＞

南ホラント州の都市デルフトの新教会。
オランダ王室の墓所にもなっています。

chapter 4 共和国の終わり

chapter 5 ネーデルラント王国

chapter 6 「寛容な国」の行く末

<アムステルダムの運河>

アムステルダムの中心部で、ユネスコの世界文化遺産として登録されている「アムステルダムのシンゲル運河内の17世紀の環状運河地区」の風景です。

プロローグ

日本とのつきあいが最も長い西洋の国

みなさんはオランダという国について、どれだけ知っているでしょうか。ゴッホ、フェルメール、レンブラントといった画家の名前は、美術にくわしくない人でも聞いたことがあると思いますが、彼らはいずれもオランダ人です。ゴッホの代表作『ひまわり』は１９８７年に安田火災海上保険（現在の損害保険ジャパン）が約53億円（手数料を含むと約58億円）で落札し、大きな話題となりました。この『ひまわり』は現在、東京のＳＯＭＰＯ美術館に収蔵されています。フェルメールやレンブラントの作品の展示会が開かれると人々がつめかけます。また、愛らしいウサギのキャラクター「ミッフィー」の生みの親であるディック・ブルーナはオランダの絵本作家です。このように、オランダの芸術や文化は日本人にとって身近であるといえるでしょう。

オランダは歴史的にも日本にとって特別な国です。16世紀以降、オランダは貿易網を拡大すべく、精力的に海外へ進出し、日本との交流もそのときに始まりました。江戸幕府が鎖国体制を敷《し》いたのちも両国間の貿易は続いており、オランダは西洋諸国のなかで

オランダの領土

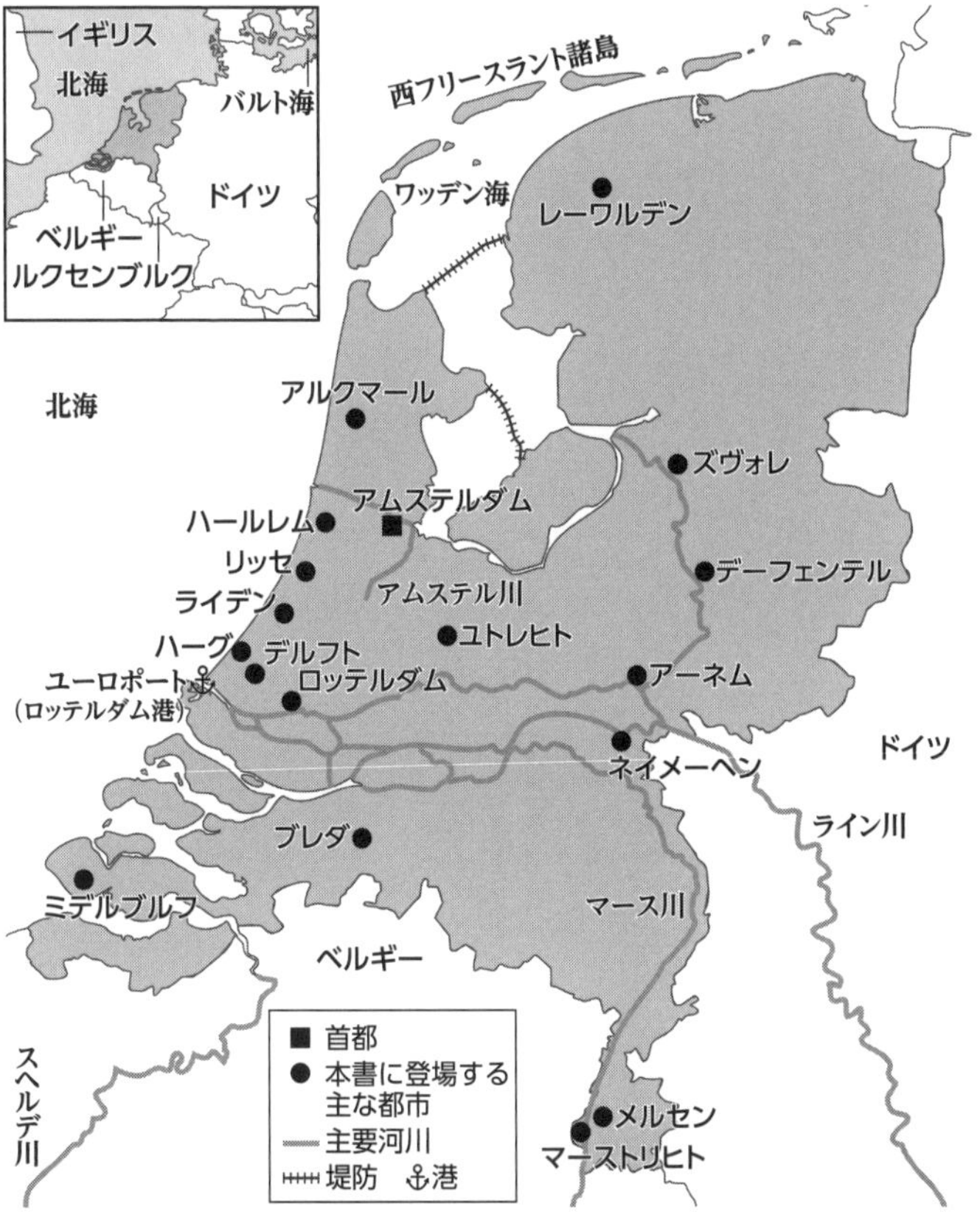

総面積	約4万1900㎢
総人口	約1750万人

※外務省ホームページ（2023年6月時点）の情報にもとづく

〈オランダの自治領〉

自治領名	所在地域
アルバ	カリブ海
キュラソー	カリブ海
シント・マールテン	カリブ海

日本とのつきあいが最も長い国ということができます。したがって、今日の私たちが使っている言葉や文物にはオランダ由来のものが数多くあります。たとえば、チョコレートやビリヤードなどはオランダ経由で伝わったとされています。

オランダ語が由来の日本語の例

日本語	オランダ語での表記	日本語	オランダ語での表記
ガラス	glas	スコップ	schop
コック	kok	ランドセル	ransel
コップ	kop	ホース	hoos
コーヒー	koffie	ポン酢	pons

江戸時代にオランダ商館が置かれていた長崎の出島は、日本にとって唯一の西洋との窓口であり、最先端の科学技術や知識も出島のオランダ人を通じて伝わりました。エレキテルを復元したことで知られる平賀源内《ひらがげんない》、医師の杉田玄白《すぎたげんぱく》・中川淳庵《なかがわじゅんあん》らと『解体新書』を著した医師の前野良沢《まえのりょうたく》は長崎で「蘭学《らんがく》」を学びました。とはいえ、両国の関係はつねに良好だったわけではなく、江戸時代初期には貿易をめぐる摩擦《まさつ》が生じ、第二次世界大戦では戦火を交えています。

私たちは「オランダ」と呼んでいますが、現代のオランダの国家としての名称は「ネーデルラント王国」(Kingdom of the Netherlands)、略称は「ネーデルラント」(the Netherlands)です。オランダ政府はこの「ネーデルラント」という呼称を2020年から用いるよう各国へ要請しました。ただし、日本に対してはすでに定着して久しいとの理由で、「オランダ」という呼称の継続使用を認めています。

オランダはカリブ海にも領土を持っており、「ネーデルラント王国（オランダ王国）」の呼称は、主に海外領土も含めたオランダを論じる際に用いられます。「王国」という表記からもわかるように、オランダは立憲君主制国家です。戦後、オランダの王室と日本の皇室の交流が始まったのは1953年で、現在の上皇が皇太子時代にイギリス女王エリザベス2世の戴冠《たいかん》式に参列した際、オランダにも非公式で訪問しました。1971年には昭和天皇と皇后もオランダを訪れています。

両家の親密な関係は現在も続いています。日蘭交流400周年にあたる2000年には当時の天皇と皇后（現在の上皇と上皇后）がオランダを公式訪問しており、2013年に行われたオランダ国王の即位式には現在の天皇と皇后が参列しました。オランダの王族もしばしば日本を訪問しており、2019年に行われた現在の天皇の即位式（即位礼正殿《れいせいでん》の儀《ぎ》）にはオランダ国王と王妃が参列しています。

オランダはベルギーと、そのベルギーはルクセンブルクと国境を接しており、これら

3カ国は「ベネルクス三国」と総称されることもあります。歴史的にも関係が深く、ベルギーとルクセンブルクも本書では何度も登場します。

ヨーロッパ大陸にあるオランダ本国の面積は日本の九州とほぼ同じ約4万1900平方キロメートルで、人口は約1750万人です。ベルギーの面積はオランダより3割ほど小さい約3万500平方キロメートルで人口は約1150万人、ルクセンブルクの面積は神奈川県とほぼ同じ約2600平方キロメートルで人口は約63万5000人です。

オランダの憲法上の首都は約87万人が暮らす同国最大の都市アムステルダムですが、実質的な国政の中心地はハーグです。この二つの都市に加え、ヨーロッパ最大の港であるユーロポート（ロッテルダム港）を擁《よう》するロッテルダムも世界的に知られています。さらに、アムステルダム・スキポール空港は〝ヨーロッパの空の玄関口〟ともいわれる世界有数のハブ空港です。

国土のほとんどは海抜200メートル以下です。国内で最も標高の高い場所は南部のリンブルフ州にある海抜約323メートルのファールゼルベルク（ファールス山）です。つまり、オランダには高い山が存在しません。一方で大小さまざまな河川や運河が網《あみ》の

オランダの行政区分

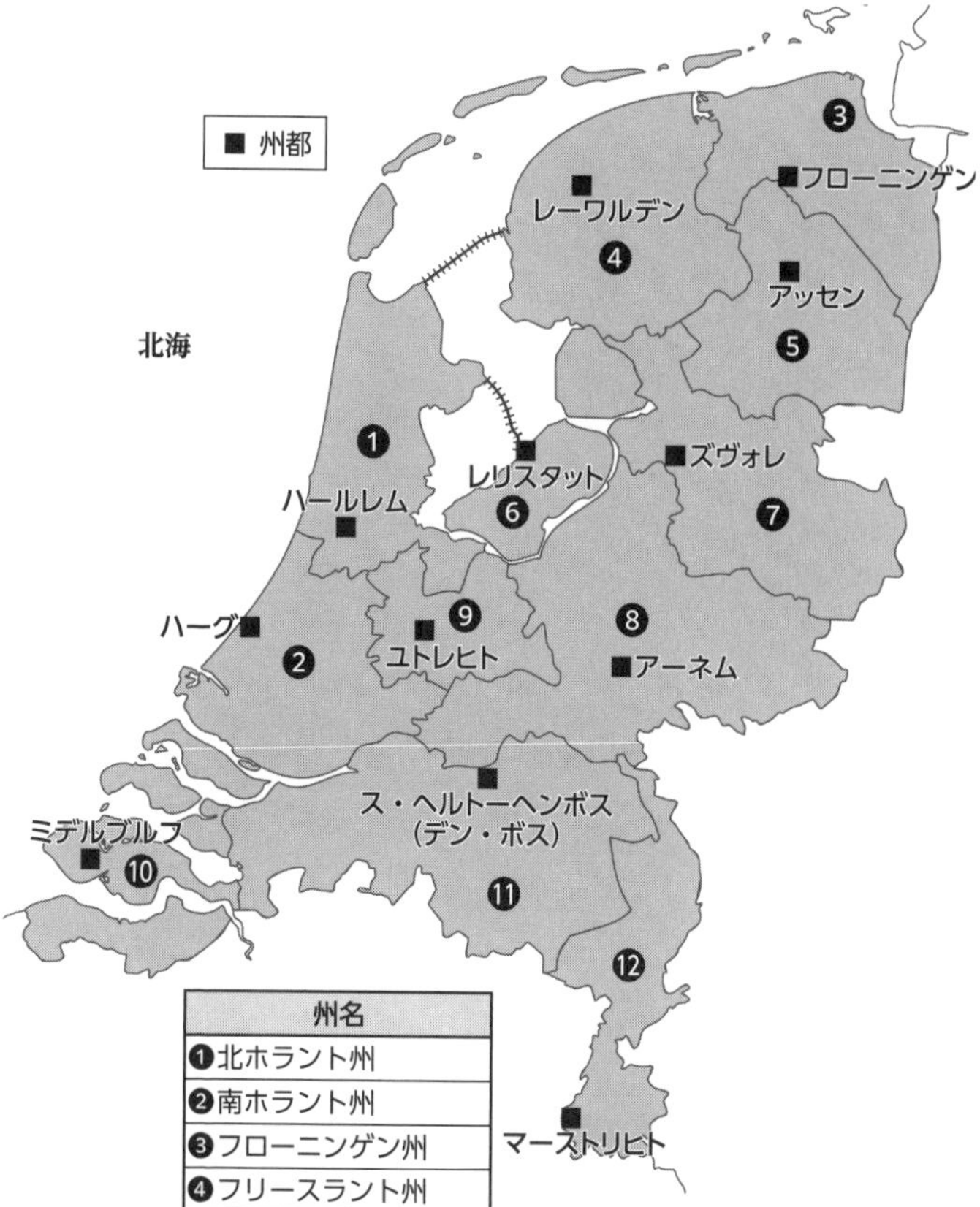

州名
❶北ホラント州
❷南ホラント州
❸フローニンゲン州
❹フリースラント州
❺ドレンテ州
❻フレヴォラント州
❼オーファーアイセル州
❽ヘルダーラント州
❾ユトレヒト州

州名
❿ゼーラント州
⓫北ブラーバント州
⓬リンブルフ州

目のように走っています。北海沿岸部や、ライン川・スヘルデ川・マース川が形成する三角州に暮らしていた人々は、昔から洪水への対処が求められるとともに耕作地を増やす必要に迫られ、中世のころから断続的に干拓を行ってきました。私たちが〝オランダ〟と聞いて真っ先にイメージするであろう風車は、この干拓の際に用いられました。

アムステルダムは緯度でいえば北海道より北方に位置しているにもかかわらず、最も寒い1月の平均気温は氷点下を下回りません。最も暑い7月の平均気温は20℃を少し上回る程度で、8月の平均気温が27℃に迫る東京とくらべて過ごしやすい気候といえます。国土の40％以上が農地であり、２０１９年の国際連合の統計によれば、オランダの農産物・食品の輸出額はアメリカに次ぐ世界第2位で、主な農産物は花卉《かき》（観賞用の花）、ジャガイモ、タマネギ、トマトなどです。酪農や畜産も盛んで、産地の名を冠したゴーダチーズは世界的に知られています。農産物以外では機械製品や化学製品の輸出も盛んで、２０２１年の輸出総額は第5位の日本を上回り、世界第4位を誇ります。

必ずしも恵まれているとはいえない土地で、人々がどのように国を築き、発展させていったのかを、これから見ていきましょう。

chapter 1

祖国ができる以前

水にかかわる古代の遺産

氷河時代が終わりを告げたおよそ1万年前、地球の気温は徐々に上昇し、ヨーロッパ一帯を覆っていた氷が溶け、大地に樹木が生《お》い茂《しげ》ります。鹿などの動物が生息するようになると、それらを狩猟《しゅりょう》していた人類も活動範囲を広げ、木の実の採取や魚を釣るなどして生活を営みました。

氷河が溶けて海面が上昇すると、新たな海岸線が形づくられます。それに面した低い土地では洪水が発生しやすく、生活するには舟が必要でした。オランダ北東部のドレンテ州にある博物館には、氷河時代の終わりと同時期に使用されていたと見られる長さ3メートルの木製カヌー（ペッセ・カヌー）の残骸《ざんがい》が収蔵されています。これは1955年にドレンテ州で見つかったもので、世界最古級の舟の遺物です。このことから、当時のオランダの地にいた人類の生活の一端《いったん》が垣間《かいま》見られます。

オランダの北部や東部では約5000年前につくられた巨石墳墓が、南部では紀元前1000年ごろのものと見られる遺灰を封じた骨壺《こつつぼ》が遺跡から見つかっており、断片的にそこで暮らしていた人々の営みをうかがい知ることができます。

時代は進んで紀元前8世紀半ば、イタリア半島中部に都市国家ローマが成立すると、徐々に地中海を中心に勢力を拡大し、紀元前509年には王政から共和政へと移行しました。その勢いはとどまることを知らず、北海方面にも進出を開始します。

紀元前58年、当時のローマ人が「ガリア」と呼んでいた現在のフランスをはじめ、ベルギー全土やオランダ南部を含む一帯に、将軍カエサル率いるローマ軍が侵攻します。ガリアへの遠征を記録したカエサルの著書『ガリア戦記』には「当時のガリアには、言葉や習俗、社会制度が異なる三つの民族（ケルト人、ベルガエ人、アクィタニ人）が暮らしていた」というような記述があります。

セーヌ川以北からライン川南岸にあたる現在のオランダ南部やベルギー全土、フランスの一部には、ケルト人とゲルマン人の混血とされるベルガエ人が暮らしていました。カエサルは苦戦しながらもベルガエ人を服従させると、紀元前57年にはライン川南岸まで征服します。そして征服した南岸地域は、ローマ人から「ガリア・ベルギカ」と呼ばれるようになりました。このガリア・ベルギカは、今日のオランダ、ベルギー、ルクセンブルクなどを含む一帯に相当します。

同時期、ライン川上流から河口に形成されたデルタ地帯へと、ゲルマン系のバターフ人（ローマ人の言語であるラテン語ではバタウィ人）が移住させられました。

また、ゲルマン系のフリース人が沿岸一帯に住んでいました。多くのフリース人が暮らすフリースラント（現在のオランダ北部の沿岸地域）は低地だったため、満潮《まんちょう》時には一帯が海面下に没しました。そこでフリース人は高さ1～2メートルの盛り土（テルプ）を築き、その上に住居や家畜小屋を建てて生活しました。このテルプを造成するために必要な土砂は、テルプ同士の間の地面を細長く掘削《くっさく》して確保しました。その掘削跡に水を引き、干潮時には水路としたのです。1世紀に活躍したローマの博物学者である大プリニウスは著書『博物誌』のなかで、満潮時の光景を「陸と海の区別はなくなり、住民は（テルプという）舟に乗っているようだ」と表現しています。

やがてバターフ人とフリース人はローマと友好関係を築くと、ローマから最新の堤防や運河を構築する方法、さらには農業技術を手に入れ、土地を改良し、生活を豊かにしていきます。そして新技術による開発が進むとともに、ガリア・ベルギカやそれに接するゲルマーニアにローマの文化が浸透していきます。

ローマの文化を受け入れる

紀元前27年にローマが共和政から帝政に変わると、ガリア・ベルギカはローマの属州とされました。属州とはローマ本国以外に築かれた、いわゆる植民地のことです。

そのころのライン川は、ローマ帝国の支配域とゲルマン人の生活圏が接する境界のような存在でした。ローマ人はライン川の南岸にいくつもの要塞《ようさい》を建設し、対岸のゲルマン人への備えとしました。そうしてつくられた要塞から都市へと発展したのが、ライン川の分流であるワール川沿いに位置するネイメーヘン（現在のヘルダーラント州の都市）や、オランダ中部に位置するユトレヒト（現在のユトレヒト州の州都）などです。

なかでもネイメーヘンには、ローマ時代の遺構や遺物が数多く遺《のこ》されています。市内にはローマ時代の床暖房設備の跡があるほか、ローマ兵が使用していたとされる兜《かぶと》マスク、銀杯《ぎんぱい》などが出土しており、同地の博物館に収蔵されています。

ガリア・ベルギカはローマ人の支配下にありましたが、バターフ人とフリース人は服

ライン川を境とした両勢力

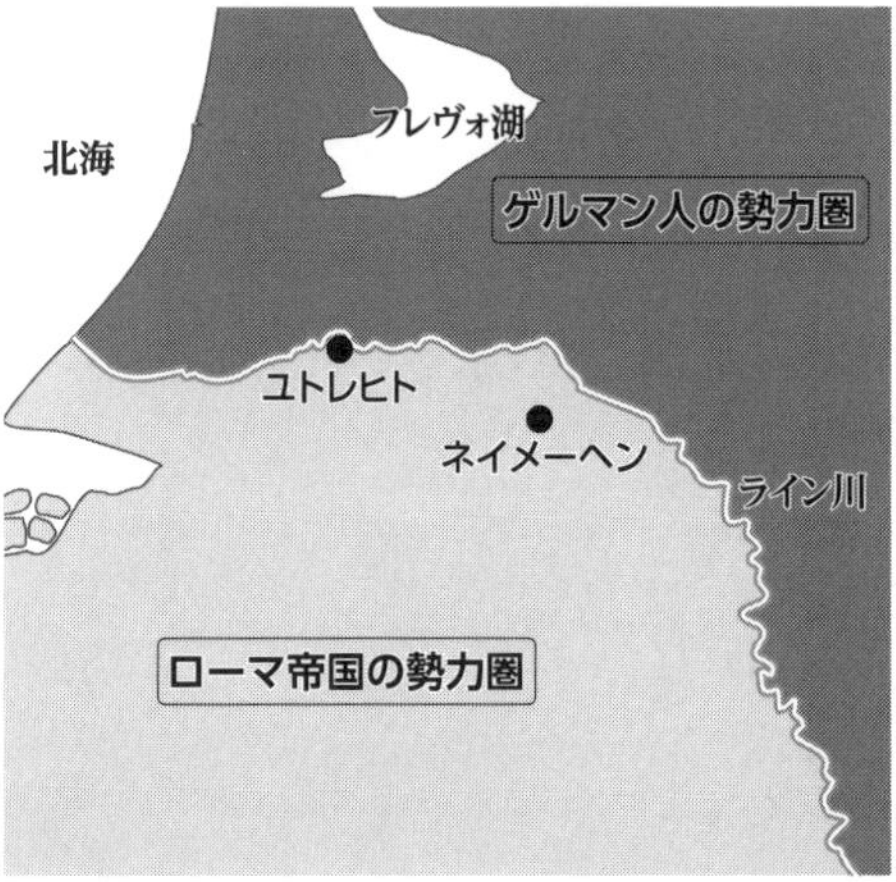

従していたわけではありません。ローマ帝国の圧政に憤《いきどお》り、たびたび反乱を起こしています。紀元70年ごろにローマ本国が内紛に陥ると、重税と徴兵に不満を抱いていたバターフ人は蜂起《ほうき》します。ほかのゲルマン系の部族も加わるなど勢いは増し、ライン川沿いからローマ人を一時的に駆逐するほどでした。しかし、ほどなく反乱は鎮圧され、バターフ人は再びローマ帝国の支配下に置かれました。

90年ごろにガリア・ベルギカは再編され、そのうち主に現在のオランダ南部やベルギー一帯に相当する地域は「下ゲルマーニア（低地ゲルマーニア）」とされ、「上ゲルマーニア（高地ゲルマーニア）」とともにゲルマーニアを構成することになりました。

それからしばらくは、ローマ帝国の統治のもとで平和な時代が続きます。ただし、その間にバターフ人は低地ゲルマーニアから姿を消します。その過程はよくわかっておらず、突如として消えた部族に対するロマンからか、現代のオランダ人のなかには、バターフ人が自分たちのルーツと考えている人もいます。

3世紀後半あたりから平和な世に暗雲が垂れ込めはじめます。ローマ本国の政情が不安定となり、支配域外と接する属州の境界の警備がおろそかになったところに、ゲルマン系フランク族をはじめとする諸部族がライン川を越えてゲルマーニアへ侵入してくるようになったためです。これに手を焼いたローマ帝国はフランク族を懐柔《かいじゅう》しようと、358年にはライン川の下流域にあたる現在のオランダ南部とベルギー北部にあたる地域に、フランク族の定住を認め、その代わりに境界を警備する任務を与えています。

4世紀から6世紀にかけては歴史上、「ゲルマン人の大

そのころ、日本では？

邪馬台国《やまたいこく》の女王・卑弥呼《ひみこ》は、239年に中国王朝の魏《ぎ》に使者を送ったことが記録からわかっています。3世紀後半になると、現在の近畿地方に巨大な古墳が多くつくられるようになったことから、大王《おおきみ》を盟主とするヤマト王権（政権）がこのころ成立したと考えられています。

移動」と呼ばれるほど、フランク族や西ゴート族といったゲルマン人諸部族の移動がいっそう激しさを増しました。その影響を受けて、395年にローマ帝国が東西に分裂すると、低地ゲルマーニアは西ローマ帝国が支配下に置かれました。以降もゲルマン人の侵入は収まらず、影響は低地ゲルマーニアにもおよぶことになるのです。

キリスト教が広まる

400年ごろ、ローマ軍がゲルマーニアから撤退し、ローマによる支配は終わりました。支配者が不在となった旧ゲルマーニアの地には、ライン川を越えて多数のゲルマン人が入植してきます。そのなかから指導者としてクローヴィスが頭角を現し、481年にフランク王国を築きました。

多民族国家であったフランク王国を一つにまとめ上げるため、クローヴィスはキリスト教を利用します。496年にはキリスト教アタナシウス派に改宗し、アタナシウス派を教義にすえるローマ・カトリック教会と協力関係を築きました。

クローヴィスの死後、その国土は分割され、現在のオランダを含む東北部にはアウストラシア（分王国の一つ）が成立し、ほかの分王国と争うようになります。

アウストラシアは600年ごろまでに勢力をライン川付近まで広げたことで、その沿岸部を勢力圏としていたフリース人と争い、一部のフリース人を服従させています。734年には、アウストラシアの宮宰《きゅうさい》（王国の最高官職）であり、各分王国の宮宰も兼ねていたカール・マルテルが軍を率いて北上し、フリースラント（35ページの地図を参照）を征服しました。

さまざまな功績からカールの一族は主君をしのぐ力を持つようになり、カール・マルテルの子であるピピンは、751年に主君に代わって王に即位しました。ここからカロリング朝フランク王国が始まります。

歴代のフランク王は領民もキリスト教に改宗させようとし、ライン川沿いの各地に教会を建て、フランク族のキリスト教伝道師を派遣しますが、フリース人への布教はうまくいきません。同じゲルマン系のアングロ・サクソン族の伝道師であるボニファティウスは、フリースラントで布教を試みますがうまくいかず、754年に再び同地を訪れた際、フリース人に殺害されます。フリースラントがフランク王国に支配されるようになって20年ほどしか経っておらず、ゲルマン人に対する敵対心が根強かったのです。ボニファティウスはのちに、ローマ・カトリック教会などによって聖人に列せられています。

なお、ローマ・カトリック教会は布教活動や教会運営を管轄《かんかつ》するため、地域ごとに大司教や司教といった聖職者を配置していました。ローマ人がマース川の渡河地点に交通の要衝《ようしょう》として築いたマーストリヒト（現在のリンブルフ州の州都）もその一つであり、8世紀までマーストリヒトは宗教都市として栄えることになります。

支配者が二転三転

カロリング朝フランク王国は、ピピンの子であるカール1世の時代に最盛期を迎えます。その領域は、西は現在のフランス、東は現在のドイツ、南はイタリア半島にまでおよびました。

広大な支配域を治めるにあたって各地に行政区域を設け、そこに王の代理人として「伯《はく》」という役人を派遣し、行政や裁判、軍事などを担当させました。当初こそ伯の任免権は王が握っていましたが、9世紀半ばごろから伯が世襲制となると土着し、地方で大きな権力を振るうようになります。そして彼らはのちに、中世ヨーロッパにおいて諸侯と呼ばれる存在になっていくのです。

800年には、ローマ教皇からローマ皇帝の冠を授けられたことでカール1世（通称はカール大帝）がローマ帝国の正統な後継者として権威を高めると同時に、ローマ・カトリック教会の守護者となりました。これにより西ヨーロッパの政治は安定してカトリックを中心とした文化が浸透し、ローマ・カトリック教会は力をつけていきます。

また、カール大帝は晩年になるまで定住せずに領内を移動していたことから、領内の各地に王宮がつくられ、その一つがネイメーヘンにも存在していました。

カール大帝の死後に後を継いだルイには複数の子がおり、843年に国土を3人が分割相続します。分割に関するこの取り決めはヴェルダン条約と呼ばれ、現在のオランダとベルギーを含む地の大部分は中部フランク王国に属しました。その後、870年に結ばれたメルセン条約によって中部フランク王国は分割・併合され、東フランク王国、西フランク王国、イタリア王国の国土が定まり、現在のオランダとベルギーにあたる地の大部分は東フランク王国に編入されました。この3カ国はそれぞれ、ドイツ、フランス、

9世紀の西ヨーロッパ

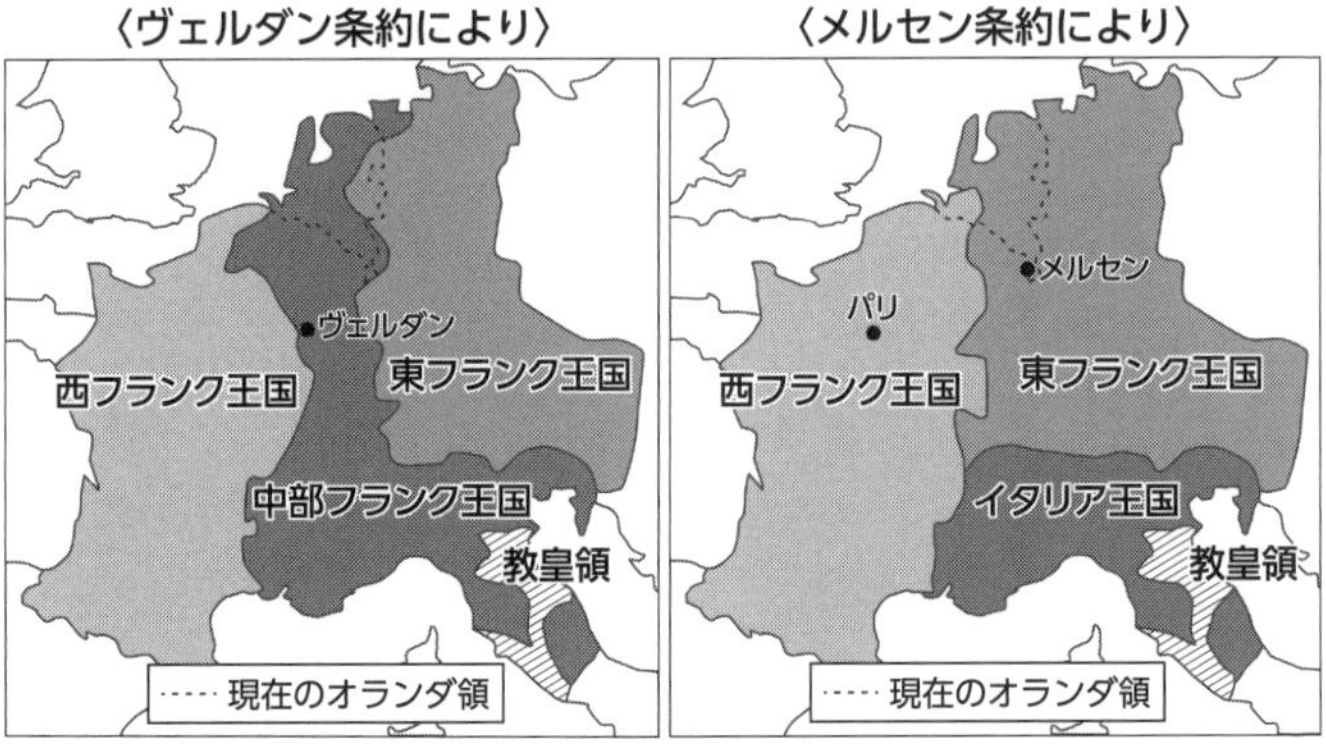

イタリアという今日の国家の原型にあたります。

ちなみに、この条約の名称のもととなったメルセンは、現在のオランダ最南部の州であるリンブルフ州に位置する都市です。

フリース人主導の交易

カロリング朝の治世は比較的安定していたことから経済が発展していきます。その中心地は、ユトレヒトやドーレスタットなど、ライン川沿いの都市でした。河川や運河を用いた交易が盛んだったからです。その交易を担《にな》ったのが、フリース人でした。古代からテルプや水路を築くなど、水と共存する生活を送っており、操船にも長《た》けていたのがその主な理由です。

フリース人の交易範囲は広く、ライン川の沿岸を主とし、ケルンやマインツといった現在でいうドイツの内陸部のほか、海を渡ってブリテン島南部の都市であるロンドンや中部の都市ヨーク、ユトランド（ユラン）半島の付け根に位置する都市ヘーゼビュー、さらにはスカンディナヴィア半島の都市にまでおよびました。あつかわれた交易品は、その土地でとれた羊毛や魚、塩、そしてバルト海や北海沿岸でとれた毛皮や鯨油《げいゆ》、ライン川沿いで生産されたブドウ酒や穀物などです。戦争捕虜《ほりょ》を奴隷《どれい》とし、アラブ世界に売っていたともいいます。

当のフリース人も、自分たちで生産した羊毛や羊皮、漁で手に入れたチョウザメやサケを売りさばき、自分たちでは生産できない穀物などを手に入れていました。しかし、生産規模は小さく、フリース人の多くは交易に従事していたといいます。

ヴァイキングにより商業が衰退

9世紀に入ると、ヴァイキングがドーレスタットをはじめとする商業都市の富に目をつけ、たびたび略奪に現れます。襲撃が始まった当初、ヴァイキングは略奪だけして占領することなく帰っていきました。なお、このヴァイキングの正体は、ユトランド半島やスカンディナヴィア半島に暮らしていた人々です。

最も古い記録によれば、８１０年に初めてフリースラントをヴァイキングが襲撃したことがわかっています。その後、フランク王国北部の沿岸は大規模な襲撃にさらされます。ネイメーヘンやドーレスタットも襲撃の対象となりました。とくにドーレスタットは何度もヴァイキングの襲撃を受け、略奪されたことで衰えて消滅します。現在では遺構と博物館の展示物のみが、当時の繁栄の様子を後世に伝えています。

一連のヴァイキングによる甚大《じんだい》な被害により、フリース人の商業活動は衰退していきました。ただ、フリース人の一部がヴァイキングに加わっていたという説もあります。

そのころ、日本では？

中国王朝の唐《とう》に使者を初めて派遣して以来、両国の交流は続き、大陸からさまざまな文物が海を渡って日本へともたらされました。ところが、894年に菅原道真《すがわらのみちざね》が遣唐使の廃止を朝廷に提案したことをきっかけに、200年以上続いた遣唐使は中止されることになりました。

なぜなら、ヴァイキングは単なる海賊ではなく商人という一面もあり、フリース人の商人が金銭目的でヴァイキングの略奪の手引をしていたというのです。

略奪に頭を痛めたフランク王は、2人のヴァイキングの首領にフリースラントなどの地を与えて治めさせます。かつてローマ帝国がフランク族を懐柔したように、ヴァイキングを定住させ、ほかのヴァイキングからの襲撃の防衛にあたらせたというわけです。これ以後、ヴァイキングは侵入した土地に交易拠点を設け、定着するようになっていきます。土着したヴァイキングはその地の有力者となっていき、中世ヨーロッパの封建社会に組み入れられていくのです。

なお、15世紀から始まる大航海時代において、オランダを発した多くの船が大海原《おおうなばら》を渡って世界各地に進出できたのは、フリース人の交易でつちかわれた航海技術が後世に伝えられたためともいえるのです。

封建領主の登場

現在のオランダを含めた地が東フランク王国に属したことはすでに紹介したとおりで

す。その後、911年に後継者のいないまま東フランク王が死去したため、有力者らの選挙によって王の親族である人物が王位に就きました。選挙によって、その次の王位に就いたハインリヒ1世はザクセン族の出身であり、フランク族の王でないことから、歴史上、ここから国家としての〝ドイツ〟が始まったとされることもあります。

その子であるオットー1世はみずからの権威を高めようと、ローマ・カトリック教会との結びつきを深め、962年にローマ教皇より皇帝の冠を授かります。そのため、ここから神聖ローマ帝国が成立したとされます。とはいえ、君主である皇帝が、国内の有力者の選挙によって選ばれるという形式は以後も続けられました。

中世ヨーロッパでは、君主が臣下に爵位《しゃくい》と領地を与え、それと引きかえに臣下は君主に忠誠を誓い、軍務などを担いました。この関係を封建制といいます。領地を与えられた臣下は封建領主（諸侯）となり、上から順に公爵・侯爵・伯爵・子爵・男爵という地位が存在しました。名目上は君主が最上位の立場にありましたが、諸侯（貴族）のなかには君主をしのぐ勢力を持つ者も現れるようになっていきました。これら有力諸侯の領地は領邦（ラント）と呼ばれ、裁判権や貨幣《かへい》の発行権を持つなど、実質的には独立国家の体《てい》を成していました。

11世紀後半になると、現在のオランダにあたる地にも、複数の領邦が成立します。そのなかからいくつかを取り上げつつ、当時のオランダの様子を紹介していきます。

「ハーグ」の形成

まずはホラント伯領です。ホラント伯はゼーラント伯を兼ね、ホラントからゼーラントまでの沿岸域を治めていました。もとはハーグ（現在の南ホラント州の州都）の北に存在した伯領から発展していったとされています。当時その伯領には森林が広がっていたことから、「木の豊かな土地」を意味するホルトラントが、ホラントの由来になったと考えられています。

歴代のホラント伯はマース川河口のデ

12世紀のオランダ

ルタ地帯（三角州）の開墾《かいこん》を推し進め、入植を推奨《すいしょう》し、堤防の建設に力を入れました。その結果、沿岸部に都市が形成され、海運業や漁業が盛んになり、ホラントの地はオランダ経済の中心地となっていきます。

13世紀前半にホラント伯だったウィレム2世の治世に築かれた館はのちにホラント伯の居城として整備されていき、これを起点としてハーグの町は形成されます。ハーグの正式名称は「スフラーフェンハーへ」といい、「伯爵の領

地」を意味します。

ハーグの中心部の一角（ビネンホフ）に位置する城館は「リッデルザール」（騎士の館）と呼ばれており、現在でも国会議事堂として国の公式行事に利用されているほか、同じ区画には数多くの政府機関が置かれていることから、ハーグは事実上の首都とされています。

ハーグにはこのほかにも、国王の執務室が入るノールダインデ宮殿、国王一家が生活するハウステンボス宮殿が存在します。長崎県佐世保《させぼ》市にあるテーマパークのハウステンボスはこの宮殿に由来します。ハウステンボスとは「森の家」を意味し、パークを象徴する建物「パレス ハウステンボス」はオランダ王室から許可を得て、ハウステンボス宮殿を忠実に再現したものです。

さて、その後、ホラント伯は男系が途絶えるたびに相続争いが起こり、1433年にはホラント伯の親族であり、フランス王国（ヴァロワ朝）の諸侯であるブルゴーニュ公フィリップ3世（善良公）が、ホラント伯領を含む三つの伯領をブルゴーニュ公国に併合し、ホラント伯領は消滅しました。

司教が支配する領邦

次に紹介するのは、ユトレヒト司教領です。

もともとユトレヒトはローマ人がつくりあげた要塞都市を起源としています（23ページ参照）。転機が訪れたのは7世紀末です。フランク王国がフリースラントにもキリスト教を広めようとユトレヒトに司教を送り込みます。そしてユトレヒトの司教がその一帯の教会を管理することになり、ユトレヒトは宗教都市へと姿を変えていきました。

10世紀半ばには、オットー1世から貨幣を鋳造《ちゅうぞう》する権利や通行税を徴収する権利などを司教はゆずられたのに加え、爵位が与えられます。威信を高めたユトレヒト司教のもとには周辺の領主から土地の寄進が相次ぎ、司教領は広がっていきました。

先述のホラント伯領との最も大きな違いといえば、ユトレヒト司教領の主がローマ・カトリック教会の司教であったことです。しかも複雑なことに、世襲制だったほかの領邦君主とは異なり、神聖ローマ皇帝が子飼いの家臣などを司教に任命していたため、司教領は皇帝の強い影響下にありました。

11〜12世紀、聖職者の叙任権をめぐる争い（叙任権闘争）が教皇と皇帝の間で起こります。皇帝が聖職者を任命することに教皇が難色を示したのです。この争いは1122年に決着がつき、教皇が叙任権を保持しました。

こうして、ユトレヒト司教の叙任は教会を運営する聖職者らが決定権を持ちました。すると今度は司教の座をめぐって地元の有力貴族らが争い、そこへ地元の大商人が口を挟みます。当時からユトレヒトは商工業都市として栄えており、大商人が発言力を有していたからです。これらの争いもあってユトレヒト司教領は弱体化していきますが、それでも16世紀前半まで存続します。

なお、ユトレヒトは現在に至るまでオランダにおけるカトリック教会の中心地となっています。

統治者がいない領地⁉

ホラント伯領とユトレヒト司教領は支配者の立場こそ違いましたが、いずれも領主が権力を振るい、その地を治めていました。それとくらべ、フリースラントは大きく事情が異なります。

フリースラントに住んでいた人々（フリース人）は古くから独立心が強く、ローマ人やゲルマン人に抵抗してきたことはこれまで紹介したとおりです。フランク王が任命した領邦君主によって統治されたこともありましたが、その期間は長くありません。記録によると、11世紀には神聖ローマ帝国の貴族がフリースラントを所有していたという記述も残っていますが、実効支配していたかは定かではありません。

明確な統治者がいないなか、フリースラントに隣接するホラント伯とユトレヒト司教がフリースラントの所有権を主張したため、時の神聖ローマ皇帝は両者をフリースラントの共同統治者として任命しています。とはいえ、フリース人の根強い反発もあり、統治は形式的なものでした。歴代のホラント伯はフリースラントの実質的な支配を目論み、何度も兵を送り込みますが、征服するには至りませんでした。

このように、フリースラントには実質的な領主はおらず、独立国のような状態が続きました。やがて、その状況を変えるできごとが起こります。12世紀後半ごろから、気温の上昇にともない、海水が沿岸部の砂丘（堤防）を越えて内陸部に流入するようになっていました。なかでも、1170年の海水の流入はすさまじく、北海と内陸部のフレヴォ湖がつながり、湾（ザイデル海）が形成されました。

13世紀に入っても海水が流入する事態は続き、ザイデル海がさらに拡大したことで、フリースラントは東西に分断されたうえ、フリース人の間で大きな被害が出ました。この機に乗じてホラント伯がフリースラント西部に攻め込み、占領してしまいます。その一方、フリースラント東部は領主不在の状況が16世紀前半まで続きます。

フランス諸侯にのっとられる

神聖ローマ帝国の支配下にあった各領邦でしたが、15世紀にその状況は大きく動きます。37ページでもふれたとおり、ホラント伯領などの新たな主となったのは、フランス王国（ヴァロワ朝）の諸侯であるブルゴーニュ公フィリップ3世でした。

ブルゴーニュ公国（ヴァロワ朝）の起源は14世紀までさかのぼります。フランス王家とイングランド王家が主に争った百年戦争において、フランス王家の分家筋にあたる人物が活躍し、その褒美《ほうび》として領地を与えられ、ブルゴーニュ公国は成立しました。ブルゴーニュ公は次々と領地を拡大していくなかで、主君であるフランス王家と敵対し、のちに両者が和解したことで１４５３年に百年戦争が事実上の終結を迎えたほどの勢力を誇りました。

15世紀後半の勢力図

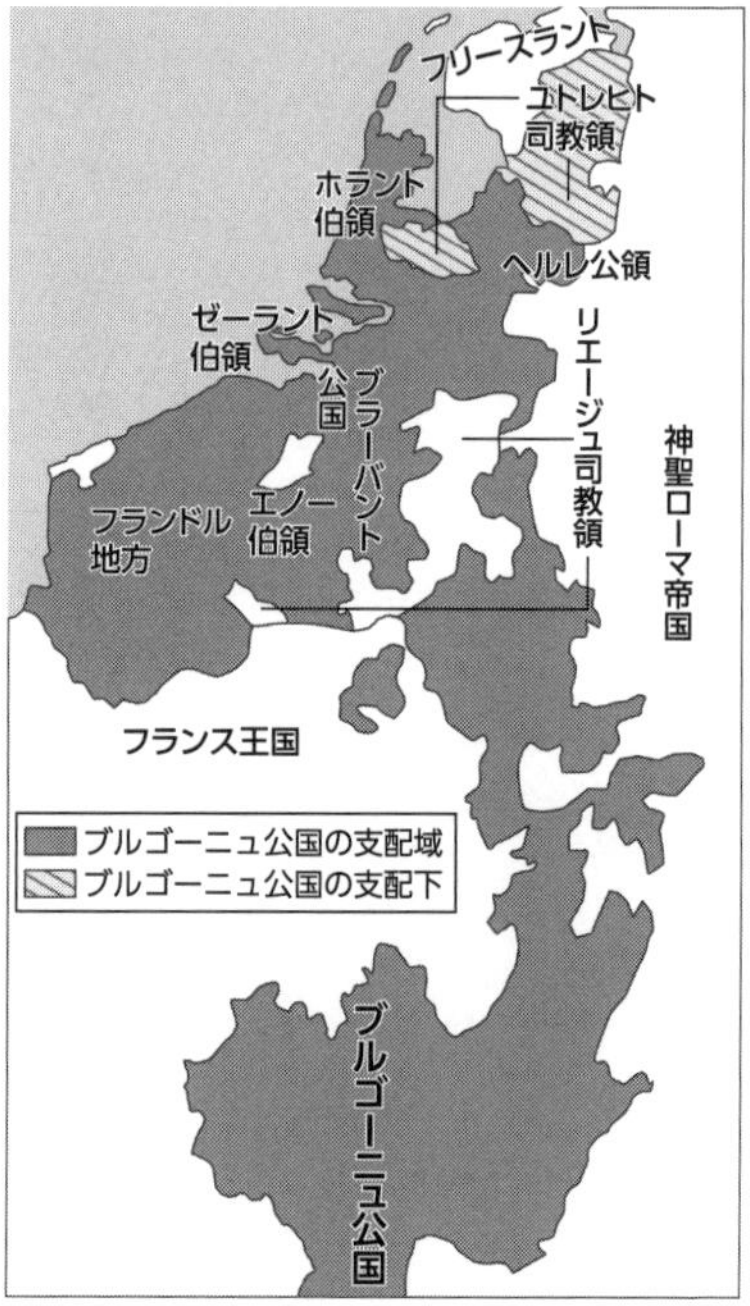

百年戦争のかたわらで、フィリップ3世はすでに手にしていたフランドル地方（現在のオランダ南西部、ベルギー西部、フランス北東部の地域）を足がかりに、15世紀前半にエノー伯領、ブラーバント公国領（現在のベルギーの中北部とオランダの北ブラーバント州一帯）、ホラント伯領、ゼーラント伯領をブルゴーニュ公国に併合します。

１４５５年には、フィリップ3世がわが子をユトレヒト司教に据えたことで、実質的にユトレヒト司教領も支配下に置きます。こうして帝国の支配下にあった複数の領邦は、ブルゴーニュ公家の支配下に置かれることになりました。フランドル地方を含めたこれらの地はブルゴーニュ公国本国と区別するため、「低地地方」を意味する「ネーデルラント」（Netherlands）とされ、のちにオランダが国家として成立する際の名称ともされるのです。

これ以降、本書でも当該地域を表す際はネーデルラントという呼称を用います。

領民が君主を捕虜に

フィリップ3世が1467年に死去すると、子のシャルルが後を継ぎます。すると、当時のフランス王が強大なブルゴーニュ公を追い落とそうと画策したため、両者は対立します。王家と敵対したシャルルは独立を目論み、一人娘のマリーを神聖ローマ皇帝の後継者であるマクシミリアンと婚約させます。このことは、皇帝を後ろ盾とし、一国の王として認められる（＝独立）という思惑があったからです。

それ以外にもシャルルは、フリースラントを名目上の支配下に置くなど勢力の拡大をはかったところ、フランス王家との間で戦争が勃発《ぼっぱつ》します。その結果、シャルルは14

77年に戦死し、ブルゴーニュ公国は敗れます。

戦後、マリーはブルゴーニュ公家を継承しますが、領地の大半はフランス王に接収されたため、ブルゴーニュ公国は事実上、消滅しました。ただし、ブルゴーニュ公という地位は存続しており、さらにネーデルラントはマリーが相続します。同年にマリーはマクシミリアンと結婚し、ブルゴーニュ公位はマクシミリアンが継承します。マクシミリアンの出身であるハプスブルク家は、交通の要衝であったオーストリアを基盤としており、15世紀半ば以降は神聖ローマ皇帝の地位をほぼ独占した名門一族です。

1482年、落馬が原因でマリーが命を落とします。マリーとマクシミリアンとの間には複数の子どもがおり、ブルゴーニュ公位は長男のフィリップが受け継ぎ、マクシミリアンが補佐することになりました。

マクシミリアンは武勇に長けた人物であり、フランス王に接収されたブルゴーニュ公国の領地を取りもどすべく、1488年にフランスに戦いを挑みました。ところが、戦費調達のためとして税を課せられたネーデルラントの領民が不満を募らせ暴動を起こすと、マクシミリアンを幽閉し、解放の条件としてフランスとの和平をマクシミリアンに約束させます。暴動は1492年に鎮圧され、その翌年にマクシミリアンとフランス王との間で和平が結ばれました。

ネーデルラントが統一される

1508年に神聖ローマ皇帝となったマクシミリアン（マクシミリアン1世）は勢力を拡大しようと、外国の有力者との婚姻《こんいん》を推し進めました。たとえば、長男フィリップと、カスティーリャ王イサベル1世とアラゴン王フェルナンド2世の次女であるファアナとを結婚させています。ちなみに、当時のカスティーリャ王国とアラゴン王国は連合を組んでおり、この同君連合で成り立っていたのがスペイン王国です。

やがて、王位継承者であるファアナの兄と姉が立て続けに死去したことで、1504年にファアナがカスティーリャ王に即位し、フィリップ（カスティーリャ王としてはフェリペ1世）との共同統治をスタートさせました。このことは、ネーデルラントがハプスブルク家の領地であると同時に、スペインの領地にもなったことを意味しました。

即位から2年後の1506年、フェリペ1世が急死します。しかもファアナは精神状態

ネーデルラントの君主（13〜16世紀）

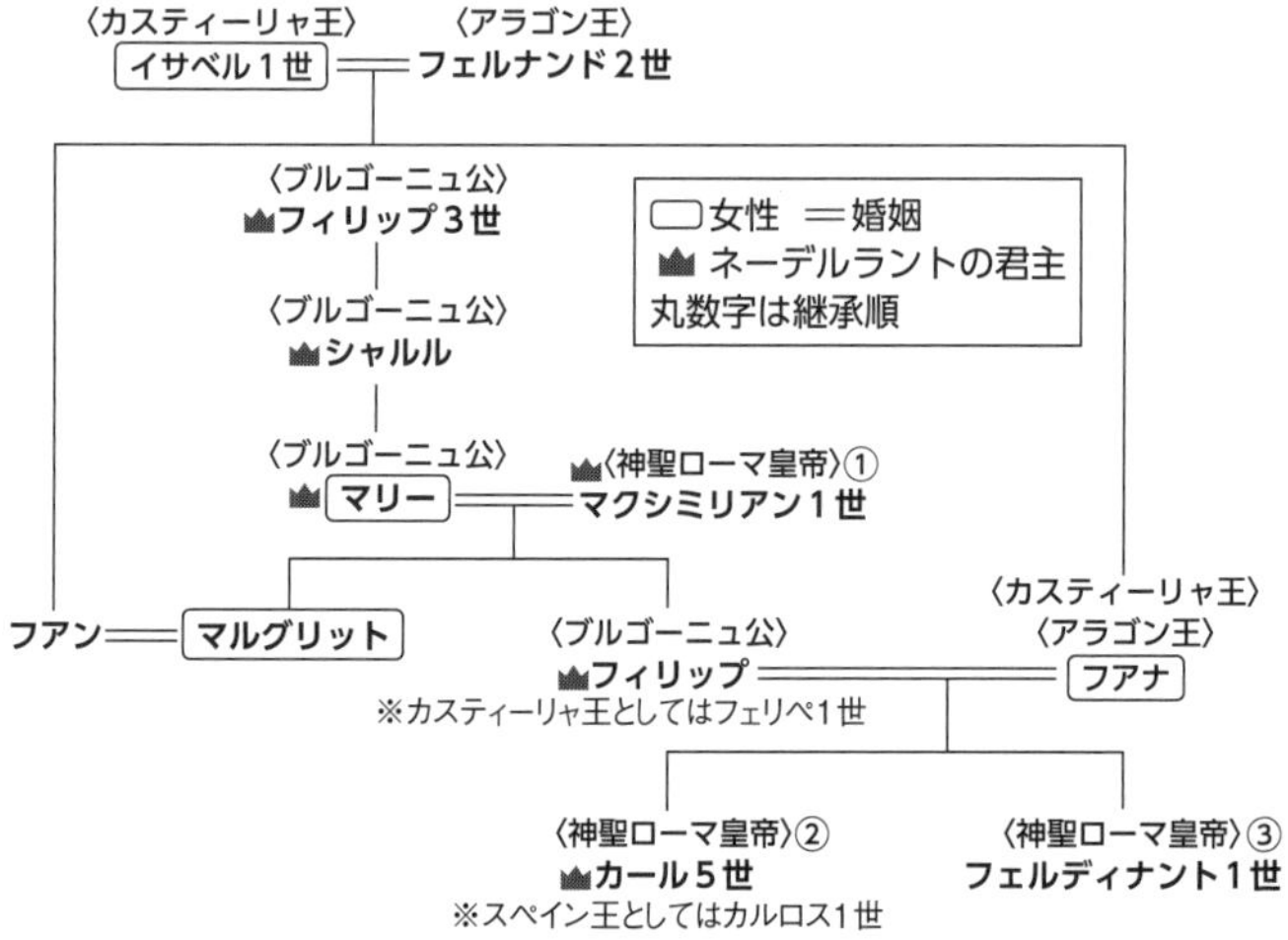

が悪化したことから幽閉されます。2人の後継者であるカールはまだ幼少だったため、祖父のマクシミリアン1世が摂政となり、さらに自身の娘であるマルグリットを摂政代理として、ネーデルラントを統括《とうかつ》する総督《そうとく》に任命しました。

　マルグリットは、兄であるフィリップとともにスペインに渡り、スペインの王位継承者と結婚していました。半年あまりでその夫が病死すると父のもとにもどり、再婚しましたがその夫も早くに失います。このとき、領地の経営に無関心だった夫に代わってマルグリットがうまく統治したことから、父にその才能を買われ、ネーデルラントを任されたのです。

マルグリットのもとで育てられたカールは、1516年にスペイン王カルロス1世として即位しました。その3年後にマクシミリアン1世が死去すると、神聖ローマ皇帝に即位します。このカール5世の支配領域は、オーストリア大公国を中心とした神聖ローマ帝国、スペイン王国（南米大陸の一部を含む）、そしてネーデルラントにおよぶ広大なものでした。

皇帝となったカール5世は、かつて暮らしていたネーデルラントの支配域の拡大に乗り出します。1524年には統治がおよばなかったフリースラントを、1528年にはユトレヒト司教領を併合します。1543年には最後まで抵抗していたヘルレ公領を支配下に置きました。これにより、ネーデルラントの17の地方（州）すべて（現在のオランダ、ベルギー、ルクセンブルクにほぼ相当）がカール5世の支配下に置かれることになりました。1548年には、ネーデルラントは17州で一つの存在であり、以後は分割されることなく、ハプスブルク家が相続していくことが帝国の法で定められました。

議会政治のはじまり

ブルゴーニュ公フィリップ3世がネーデルラントを支配していた15世紀まで話をもどします。

フィリップ3世はさまざまな領邦が林立していたネーデルラントを一括して統治しようと中央集権化を目指し、政治改革に取り組みました。１４３５年に司法機関を強化するとともに、貴族と市民により構成される評議会を設けます。１４６４年には、ネーデルラント各地から代表者を集めて議会が開かれました。これはネーデルラントで初めてとなる全国規模の議会（全国議

会）であり、これがオランダにおける議会政治のはじまりとされています。

フィリップ3世の後を継いだシャルルも全国議会をしばしば開催し、司法や財政を一括管理する機関を設置することなどが取り決められました。

そのシャルルの戦死にともない、1477年にマリーがネーデルラントを継承しようとした際には、全国議会はそれを認める条件として、シャルルの抑圧的な政策を撤回させています。

さらにホラントとゼーラントは、①君主の命令がなくとも全国議会を開催できる　②全国議会の許可なく戦争を起こせない　③高等法院と全国会計院を廃止する、以上をマリーに認めさせ、大幅な自治権を獲得しました。

この取り決めは歴史上、「大特権」と呼ばれ、のちに成立する共和国の政治の礎《いしずえ》となります。

干拓地が広がり都市が増加

9世紀以降、人々は比較的高い位置の湿地を開墾するにあたり、排水路を設置して低所へ自然に排水されるなどの方法を用い、干拓地を切り開いていきました。

時代は進み、10世紀後半ごろからは領邦君主ら主導のもとで干拓が推し進められていきます。36ページで紹介したホラント伯による土地開発もその一例です。ところが、開墾した土地の多くは泥炭地《でいたんち》（泥炭が積み重なって形成された土地）であり、排水したことによって地盤沈下が起こった結果、高潮や河川の氾濫《はんらん》に見舞われ、かなりの土地が水没してしまいます。そこで人々は、水害から干拓地を守るために堤防を築きはじめます。そうして1100年から1300年にかけて、合計数百キロメートルにもおよぶ長大な堤防や堰堤《えんてい》（河川に設置され、水の流れをゆるやかにする堤防の一種）が築かれたといいます。

さらに、地盤沈下によって自然排水が困難になったことから導入されたのが、13世紀ごろに神聖ローマ帝国から伝わった風車です。もとは小麦の製粉などに風車は使われていましたが、これを排水（水をくみ上げるため）の動力として利用しようと考えられたのです。なお、排水に用いられた最初の風車は、1407年ごろにザイデル海近辺の地（現在の北ホラント州の都市アルクマール）に建てられたものとされています。

16世紀には、風向きに合わせて羽根のある頭頂部が回転するよう風車が改良されたことで、排水能力が向上し、以後、より大規模な干拓が進められていくことになります。

現在のオランダの首都であるアムステルダムも干拓と深い関係があります。アムステルダムは、もとはアムステル川河口の小さな漁村にすぎませんでしたが、1250年ごろには河口にダムが築かれます。やがて1287年の大洪水によって湾（ザイデル海）が形成されると、アムステルダムは湾の奥に位置することとなります。そして湾から北海への航路ができると、アムステルダムは海と陸とを結ぶ交易地として見出されます。その後、治水や干拓が進められ、都市が形づくられ、ヨーロッパを代表する都市へと発展していくのです。なお、アムステルダムという名は「アムステル川に築かれたダム」が由来です。

現在のオランダでアムステルダムに次ぐ人口を有し、ユーロポート（ロッテルダム港）を擁するロッテルダム（現在の南ホラント州の都市）も、13世紀にロッテ川にダムが築かれたことが起源となっています。その名は「ロッテ川のダム」が由来です。14世紀にはホラント伯により自治権が与えられ、都市が大きく発展していきました。

交易都市として発展

干拓により耕作地が広がると、食料の生産量が増加するとともに人口が増え、アムステルダムやロッテルダムだけでなく、ネーデルラントの各地に都市が形成されました。しかし、14世紀に腺《せん》ペスト（黒死病）がヨーロッパ全域で大流行したうえ、小氷期で地球が寒冷化していたことで食料の生産量が低下します。これらの要因が重なり、一説にはヨーロッパの全人口の4分の1から3分の1が失われたといいます。

ネーデルラントも例外ではなく、そのときの様子を今に伝える13世紀に建てられ現存するなかで最古の門がマーストリヒト（28ページ参照）にあります。このころのマーストリヒトは交易の拠点として人の出入りが活発であり、そこにペストが襲来します。感染した人はこの門を通って街の外に連れ出され、郊外の施設に隔離され、多くが命を落としたといいます。そのため、この門は「ヘルポールト」（地獄の門）とも呼ばれています。

ペストの大流行によってヨーロッパの農業生産人口は減っていました。その最中でも、神聖ローマ帝国領内のリューベック（現在のドイツの都市）を盟主とした都市による同盟（ハンザ同盟）は、14世紀に最盛期を迎えていました。ハンザ同盟はバルト海や北海を中心とした経済圏を構築し、ハンザ都市（加盟した都市）間による交易の便宜《べんぎ》を図るだけでなく、海賊が出没した際やハンザ都市が他国に侵略された際には、各ハンザ都市が軍隊を動員するほどの力を有していました。

現在のオランダにあたる地域では、アイセル川沿いに位置するズヴォレ（現在のオーファーアイセル州の州都）やデーフェンテル（現在のオーファーアイセル州の都市）などがハンザ都市でした。ハンザ同盟に加わってはいませんでしたが、アムステルダムも交易の中継地としてハンザ都市の商品が取引されていました。

15世紀に入ってハンザ同盟の影響力が衰えてくると、それに代わってアムステルダムがバルト海における交易の中心地となっていきます。人口は増加し続け、ネーデルラントで屈指の大都市へと発展していくのです。なお、２００2年までオランダ王国の通貨単位だったフルデン（英語ではギルダー）も、経済発展した15世紀ごろから使われはじめます。

知れば知るほどおもしろいオランダの偉人❶

時代を先取りした画家

ヒエロニムス・ボス

Hieronymus Bosch

（1450ごろ～1516）

シュルレアリスムのルーツともされる

14世紀のイタリアで始まった文化運動であるルネサンスはヨーロッパ各地へ広がり、ス・ヘルトーヘンボス（現在の北ブラーバント州の州都）出身とされる画家のボスもその影響を受けます。

ボスの本名はファン・アーケンといい、その作品の多くは幻想的な宗教画です。なかでも代表作である『快楽の園』には、怪物や異形の動植物などが独特のタッチで描かれています。このようなボスの画風は、スペイン出身のサルバドール・ダリやベルギー出身のルネ・マグリットといった画家が、20世紀に展開する芸術運動であるシュルレアリスム（超現実主義）のルーツともされています。

『バベルの塔《とう》』などの代表作で知られる16世紀中ごろから17世紀前半にかけて活躍した画家のピーテル・ブリューゲル（父）もボスの影響を受けています。

chapter 2

自由のための戦い

宗教改革への影響

16世紀の宗教改革より前から、ネーデルラントではキリスト教の改革をうったえる人物が現れました。その代表的な人物として、14世紀後半に活躍したデーフェンテル（現在のオーファーアイセル州の都市）出身の神学者であるヘールト・フローテがいます。修道士のように日々祈《いの》りを捧《ささ》げ、勤労に従事すべきという宗教運動「デヴォティオ・モデルナ」（新しい信心）を提唱し、民衆に支持されたこの運動から教団も形成されます。

この運動が広がると、共同生活のなかで労働と信仰を実践する「共同生活兄弟会」が経営する学校が各地に建てられました。共同生活兄弟会の出身で教団に属していた思想家のトマス・ア・ケンピスが信仰に関してまとめた著作『キリストにならいて』は世界的に知られています。

同じく共同生活兄弟会が運営する学校の卒業生として、思想家のエラスムスがいます。エラスムスは1466年ごろにロッテルダムで生まれました。1511年に刊行した著書『愚神礼賛《ぐしんらいさん》』において当時の教会の腐敗《ふはい》ぶりを糾弾《きゅうだん》し、カトリックの聖職者を偽善者だと風刺、批判しました。

このエラスムスは、日本とも奇妙な関わりがあります。栃木県佐野市の龍江院《りゅうこういん》には国の重要文化財に指定されている「伝貨狄像《でんかてき》」という西洋人の木像が伝わっています。これは1600年に日本に漂着したオランダ船リーフデ号の船尾につけられていたものです。調査によると、この木像のモデルはエラスムスであり、リーフデ号と改名される前の名がエラスムス号であることが判明しています。

このエラスムスとほぼ同時代を生きた人物にドイツ人の神学者ルターがいます。

1515年、時の教皇はサン・ピエトロ大聖堂の建築費用をまかなうため、現世でおかした罪が免除されると記された証書（贖宥状《しょくゆうじょう》または免罪符）の発行を許可し、その販売が開始されます。この贖宥状に憤り、『聖書』で説かれている信仰こそが正しい行いであるという考え（聖書中心主義）を掲げ、1517年にルターは教会に対して抗議（プロテスト）の声を挙げました。

ルターの考えは多くの人の賛同を得て、やがて宗教改革という大きなうねりを巻き起こします。ルターの思想に影響を与えた1人がエラスムスであり、宗教改革に関して

「エラスムスが卵を産み、ルターが孵《かえ》した」という言葉があるほどです。

宗教改革をきっかけに、ローマ・カトリックと東方正教と並ぶキリスト教の潮流、思想の一つとしてプロテスタントが誕生します。その理念・教義は大きく三つあり、①人は信仰のみによって救済される　②信仰の根拠は『聖書』のみに書かれている　③聖職者と信徒を区別しない、というものです。

この三原則を根底とするプロテスタントには、ルターの主張を教義とするルター派や、フランスの神学者カルヴァンの主張を教義とするカルヴァン派といった諸宗派が存在します。

カルヴァンは、神の意志は絶対であり、すべての物事はその人の意思に関係なく、神によりあらかじめ定められていると説きます（予定説）。また、カルヴァンの教えのなかから、労働に励《はげ》んだ結果得られた利子と蓄財は認められる、という考えが生まれたとされることから、カルヴァン派は商人を中心に支持されるようになります。

この宗教改革の波は、ローマ・カトリック教会に不信感を抱いていたヨーロッパの貴族を中心にまたたく間に広がっていきます。そして、商人の多いネーデルラントでもカルヴァン派は浸透していきました。

過熱するプロテスタント弾圧

ネーデルラントに押し寄せる宗教改革の波を忸怩《じくじ》たる思いで見つめていたのが、カトリックの守護者を自任していたカール5世（46ページの図を参照）です。1521年にルターを呼び出して真意を問いただしますが、ルターは自身の考えを曲げなかったことから帝国でのすべての権利をはく奪されたうえ、その著作は禁書とされました。それだけでなく、ルター派は異端とされ、これ以降、プロテスタントは弾圧の対象となります。

1522年、ネーデルラントにカトリック信仰に反する考えを持つ者を裁判にかける異端審問所が設置され、プロテスタントの知識人層が弾圧されていきました。それでもネーデルラントではプロテスタントが増え続けたため、1550年にはプロテスタントを処刑するという布告をカール5世は発します。

その一方、1555年に開かれた帝国会議においてカール5世が譲歩したことでルター派が公認され、ドイツおよびその周辺地域の領主には自由な信仰が事実上、許されます。ただし、ネーデルラントでは相変わらずカトリック以外の信仰は禁止され、プロテスタントの弾圧は続きました。

1556年にカール5世は退位します。1521年以来、イタリアをめぐってフランスと戦争状態にあったうえ、宗教改革を発端とした複数の戦争が並行して行われていたことから心身ともに疲れ果てて退位したといわれています。その後、分割相続が行われ、フィリップとフアナ（46ページの図を参照）の子であるフェルディナント1世が神聖ローマ帝国を、カール5世の子であるフェリペ2世がネーデルラントやスペインをそれぞれ継承しました。これ以降、前者はオーストリア＝ハプスブルク家、後者はスペイン＝ハプスブルク家として続いていくことになります。

フェリペ2世がスペインの国王に即位したのちもフランスとの戦争は続き、戦費調達のための増税がネーデルラントの民衆にのしかかります。1559年、そのフェリペ2世はフランスとの戦争を終結させるとスペインに帰国します。そのうえで異母姉にあたるマルハレータをネーデルラント全域の執政に任命したほか、ネーデルラントの大貴族であるオランイェ公ウィレム1世をホラント、ゼーラント、ユトレヒトの3州、エフモ

オランイェ公の継承（16〜17世紀）

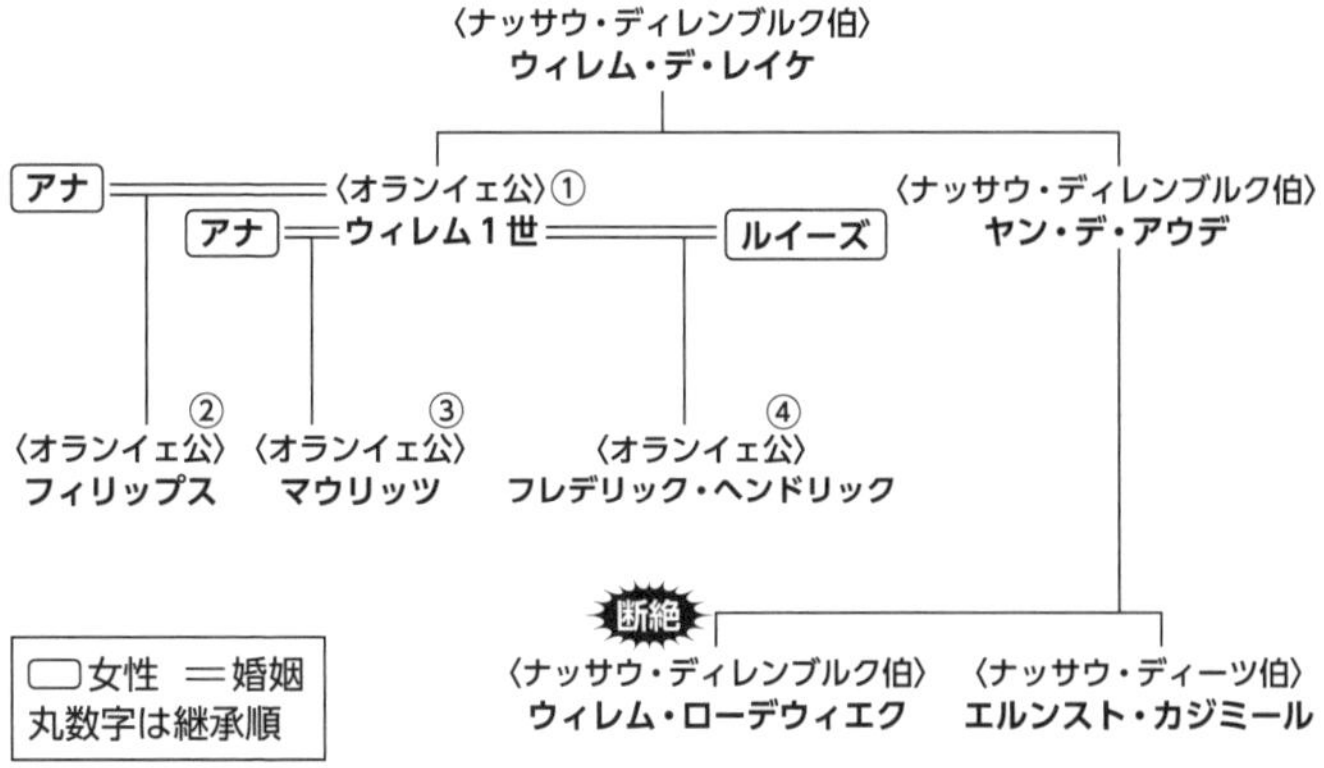

ント伯を2州の総督とし、彼らにネーデルラントの統治を委ねました。ところが実際は、フェリペ2世はお気に入りの家臣に実権を与えます。さらにフェリペ2世は、ネーデルラントの司教区の数を増やすと、その統括者に自身の息のかかった外国出身の聖職者を据えます。

スペインの利益を第一とした一連の人事に対し、ネーデルラントの貴族をはじめ、市民や聖職者らが反発すると、フェリペ2世はお気に入りの家臣をスペインに帰国させます。こうして、ネーデルラントの貴族はマルハレータとともに政治を行うようになります。

前述のウィレム1世は、ドイツに起源を持つナッサウ・ディレンブルク家の長男として15

33年に生まれました。死去した従兄《いとこ》から南フランスのオランジュ公国とネーデルラントの所領を相続し、オランイェ公となりました。現在のオランダのナショナルカラーがオレンジ色なのは、オランイェに「オレンジ色」という意味があったためとも、オランジュ公国がオレンジの名産地だったためともいわれています。

相続時、ウィレム1世はまだ11歳だったことから、ブリュッセル（現在のベルギーの首都）にあった神聖ローマ帝国の宮殿で育ち、成人するとカール5世に仕《つか》えました。両親がルター派だったことから自身もルター派でしたが、宮殿での生活を経てカトリックに改宗します。こうした背景があるからか信仰には寛容であり、フェリペ2世によるプロテスタントの弾圧には反対していました。

1565年、ネーデルラント貴族による政治権限の強化とプロテスタントの弾圧の緩和をフェリペ2世にうったえるため、エフモント伯がスペインに渡ります。しかし、フェリペ2世はこのうったえを認めませんでした。

翌1566年、400人あまりの中小貴族が異端審問の緩和と全国議会の開催を求める請願書をマルハレータに提出しました。このとき、集まった貴族を「ヘーゼン」（乞《こ》食《じき》）とマルハレータの配下が呼んでさげすみます。しかし、貴族らはこの呼び方に誇りを持ち、以後、みずから「乞食党」と称するようになります。乞食党の動きに民衆も呼応し、カトリックの教会や修道院を破壊するなどの運動が各地で展開されます。

1567年、マルハレータでは運動を抑え切れないと判断したフェリペ2世は、腹心であるアルバ公フェルナンド・アルバレス・デ・トレドに1万あまりの兵を授け、ネーデルラントに送り込みます。アルバ公は「鉄の公爵」と呼ばれる勇猛な人物で、フェリペ2世の政策に批判的な貴族を弾圧し、恐怖政治を敷くことは明白でした。

八十年戦争が勃発

アルバ公は1567年にブリュッセルに到着すると騒擾《そうじょう》評議会（裁判所以外で開かれる特別法廷）を設置し、エフモント伯やホールネ伯を逮捕します。これに憤ったマルハレータがネーデルラントの執政を辞任したことで後任にはアルバ公が就きました。ウィレム1世は出席していませんでしたが財産を没収されたうえ、長男のフィリップスがスペインに連れ去られます。そして破壊活動に参加した者も捕《と》らえられました。この騒擾評議会は、エフモント伯とホールネ伯ら有力貴族20人あまりを含む8000人にもおよぶ犠牲者を出したことから、「血の評議会」とも呼ばれます。さらにフェリペ2世の命令で、アルバ公は貴族や富裕層などに新たな税を課そうとします。

このスペイン側の残虐《ざんぎゃく》かつ抑圧的な行為に対し、ネーデルラントの民衆は反発します。ドイツのナッサウに逃れていたウィレム1世も騒擾評議会での自身への処分内容を知ると憤り、1568年に挙兵してブラーバント州に攻め込みます。この挙兵こそ、以後80年にわたって続く、「八十年戦争」の発端とされています。

しかし、このときの戦いにウィレム1世は敗れ、フランスへ逃れました。そして、ネーデルラントに再び進軍するためにユグノー（フランスで浸透したカルヴァン派の名称）と手を組みます。

八十年戦争はスペインの圧政に対する反発をきっかけに始まりましたが、カルヴァン派とカトリックによる宗教的対立という側面や、やがて勃発するオランダの独立をかけた戦争という側面も持ちます。とはいえ、戦いの中心的存在であるウィレム1世がカトリックであることから明確に宗教戦争と位置づけられず、しかもスペインからの独立を目指していたわけではなかったのです。

乞食党の反転攻勢

陸上での戦闘はスペイン軍が圧倒的に強かったため、海上へと逃れ、スペインの商船を襲う人々が現れます。彼らは「ワーテルヘーゼン」（海乞食）と呼ばれました。ウィレム1世はこの海乞食に特許状を交付し、公認の海賊船としてスペイン船に海賊行為をはたらく大義名分を与えます。

海乞食は1572年4月にマース川河口の港町ブリーレ（現在の南ホラント州の都市）を占領して拠点とします。これを皮切りに、ほかのホラント州の各都市も次々に海乞食の拠点となっていきます。

同年、ホラント州とゼーラント州は州議会を開き、ウィレム1世を再び州総督に任命し、反スペインの立場を明確にします。州総督となったウィレム1世は海乞食を各州の海軍に編入させたことで海乞食は消滅し、乞食党が反スペイン勢力の総称となります。

この時点で、ホラント州の大半とゼーラント州の一部、フリースラント州、ヘルダーラント州、オーファーアイセル州の多数の都市をウィレム1世はスペイン軍から解放していました。ウィレム1世が率いる勢力がスペイン軍を押している状況を見て、ホラント州とゼーラント州以外の州もスペインとの戦いに参加するようになります。

1573年、ホラント州アルクマール（現在の北ホラント州の都市）を包囲していたアルバ公の軍勢が、乞食党の反撃を受けて敗退しました。この敗北に加え、課税により民衆が不満を抱く状況を失策ととらえたフェリペ2世はアルバ公を更迭《こうてつ》し、ミラノ総督だったレケセンスを派遣します。新たに執政となったレケセンスは新たな課税と異端審問所を廃止したうえで、状況を打開しようと、乞食党との和平交渉に臨みますが失敗に終わっています。

そのレケセンスが1576年に急死して数カ月の間、執

そのころ、日本では？

15世紀半ばから続いた戦乱の時代は、織田信長の登場により大きな転換点を迎えます。信長は1568年に京都に入ると実権を握り、1573年には室町幕府の第15代将軍・足利義昭《あしかがよしあき》を京都から追放し、室町幕府は事実上、滅亡しました。その信長も1582年に本能寺の変で命を落とすのです。

政が空席となったうえ、兵士への給料の支払いがとどこおります。これをきっかけとしてスペイン軍は統制がとれなくなり、スペイン軍人が各地で破壊と略奪行為をはたらきます。とくに交易の一大拠点だったアントウェルペン（現在のベルギーの都市。英語ではアントワープ）では7000人以上もの市民が犠牲となりました。このできごとは歴史上、「スペイン軍の狂乱」と呼ばれます。この騒乱により、ネーデルラントの民はスペインに憎《にく》しみを募らせます。

同盟が早々に崩壊

スペイン軍による暴虐《ぼうぎゃく》が起こったのちの1576年11月、ブラーバント州議会の呼びかけに応じ、ヘント（現在のベルギー北西部の都市）に各州の代表が一堂に会し、全国議会が開かれます。

議会では17州が一致団結したうえで、フェリペ2世に向けての宣言が採択されました。①スペイン軍のネーデルラントからの撤退　②異端審問の廃止　③ホラント州とゼーラント州における信仰の自由を認め、ほかの州はカトリックの信仰を基本とするが、プロテスタントも寛容をもって受け入れるよう努力をする　④国王の同意を得ずに全国議会を開催する権利がある。以上、これらをまとめて「ヘントの和約（平和）」といいます。和約のなかでウィレム1世がとくに強く求めていたのが、カトリック、プロテスタントを問わない信仰への寛容でした。

ネーデルラント（16世紀後半）

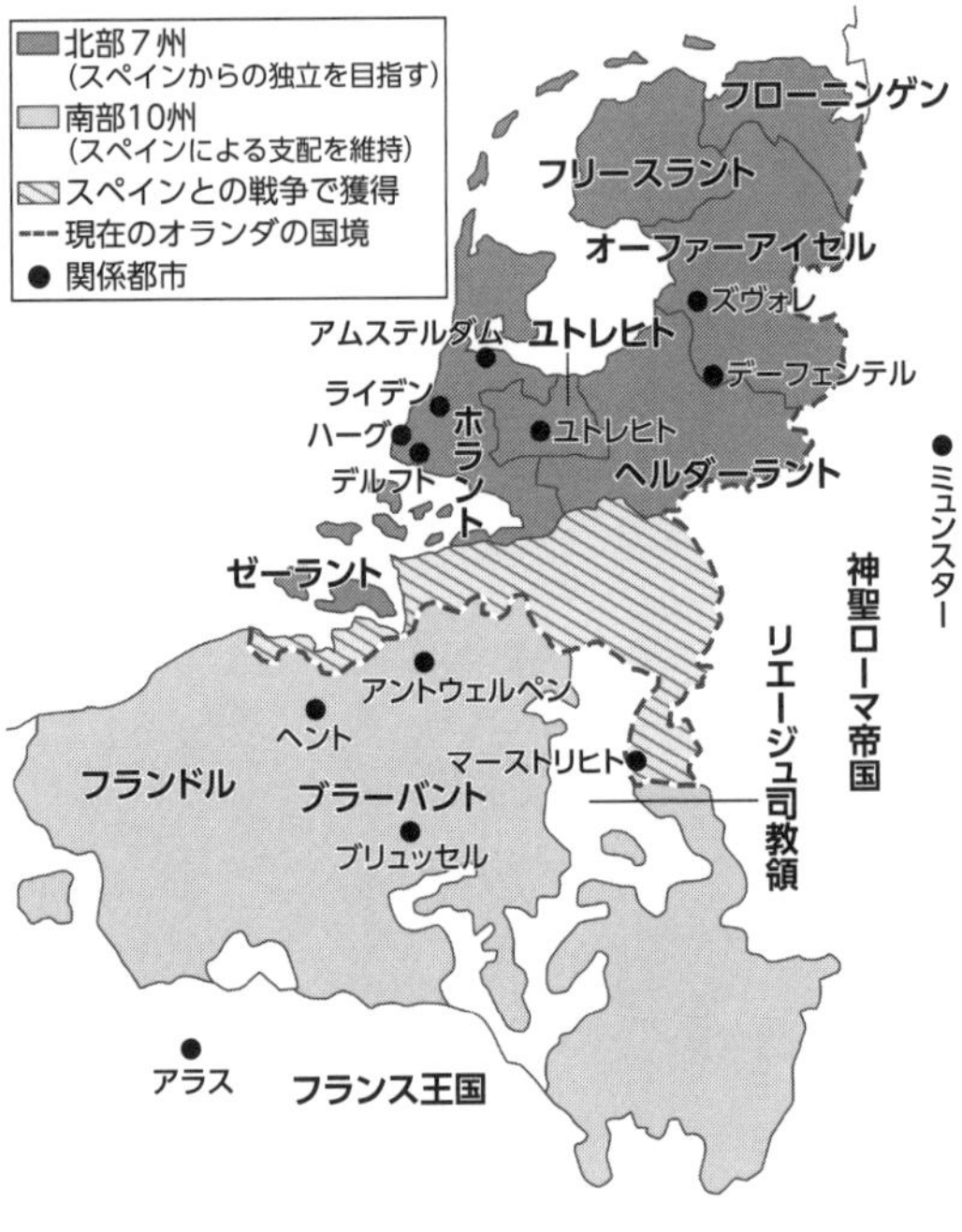

フェリペ2世の異母弟でありレケセンスの後任となっていたドン・フアンは、ヘントの和約を受け、スペイン軍を撤退させます。ところが、ドン・フアンは1578年に病

死し、フェリペ2世の甥《おい》にあたるパルマ公ファルネーゼが新たな執政となります。

さて、スペイン憎しの感情から和約を結んで一致団結した17州でしたが、早くも崩壊を迎えます。1579年1月にパルマ公の切りくずし工作などにより、ネーデルラント南部諸州が「アラス同盟」を結成し、離反したのです。南部はもともとカトリックが多いこともあり、完全な信仰の自由を要求するカルヴァン派に嫌気がさしていたうえ、1573年にカルヴァン派に改宗していたウィレム1世に不信感を抱いていたのがその理由です。

このアラス同盟に対抗すべく、ウィレム1世の呼びかけに応じて、カルヴァン派の多い北部7州は1579年1月に「ユトレヒト同盟」を結成します。ユトレ

ヒト同盟の規約には、宗教の問題は州ごとに解決してもよいと記載されていたことから、ホラント州とゼーラント州ではカトリックが禁止され、カルヴァン派のみが認められます。カトリックとの共存を考えていたウィレム1世は、しぶしぶこの規約を認めたといいます。

ネーデルラントを分断する二つの同盟が成立したことにより、ヘントの和約はもろくもくずれ去り、反スペインのユトレヒト同盟と、親スペインのアラス同盟はこれ以降、異なる道を歩んでいくことになります。

連邦共和国の成立

ユトレヒト同盟はスペインの支配からの脱却を目指し、1581年にスペイン国王に対して「君主としての資格を失った」とする宣言（王権喪失《そうしつ》宣言・国王廃位布告）を発します。その一方、時のフランス国王アンリ3世の弟であるアンジュー公フランソワを君主として迎え入れようと画策します。

フランソワがカトリックだったことからホラント州とゼーラント州は反対しますが、

ウィレム1世に押し切られます。宗教でもめる以上に、当時スペインと敵対していたフランスに後ろ盾になってもらいたいという思惑があったからです。こうしてフランソワは「ネーデルラントの自由の保護者」という称号で、ユトレヒト同盟の盟主となります。ところが、フランソワにさまざまな制約が課せられたことをきっかけに、同盟側との間で不協和音が生じ、1583年にフランソワはフランスへ帰国してしまいます。

君主が不在となり、しかもこの間にパルマ公率いるスペイン軍が再びネーデルラント南部に侵攻していたため、ウィレム1世が君主となるよう気運が高まります。当初は固辞していたウィレム1世でしたが、熱望されたことから承諾《しょうだく》しようと心が傾きつつありました。

その最中の1584年7月10日、ウィレム1世がデルフト（現在の南ホラント州の都市）において、フェリペ2世に心《しん》酔《すい》するフランス人カトリックの発砲によって命を落とし、51年の生涯を閉じます。

国家指導者にあたる人物が銃で殺害されたのは、史上初のできごととされています。なお、デルフトの新教会にはウィレム1世が埋葬《まいそう》されており、その子孫にあたるオランダ王室の墓所にも新教会はなっています。

ウィレム1世はネーデルラントの指導者として大国であるスペインとわたり合い、オランダの基礎を築いたことから「祖国の父」として、今もオランダで敬愛されています。それだけでなく、オランダ屈指の最高学府であるライデン大学を創設したことも大きな功績の一つでしょう。1575年に創設されたライデン大学は、オランダの王室関係者をはじめ、オランダを代表する科学者や政治家を数多く輩出《はいしゅつ》しています。

突然のウィレム1世の死により、指導者を失ったユトレヒト同盟に動揺が走ります。そこで新たな指導者を求め、1585年1月にはアンリ3世、6月にはイングランドのエリザベス1世に君主となるよう要請しますが、いずれも断られます。要望は受け入れなかったものの、エリザベス1世は複数の都市や要塞にイングランド軍を駐屯《ちゅうとん》させることを約束し、執政として臣下をイングランド軍とともに派遣しました。ところが、この執政は軍事的な成果を挙げられなかったうえ、現地の商人を統制しようと高圧的な態度を取ったことでユトレヒト同盟の反感を買い、1年半ほどでイングランド軍は引き上げてしまいます。

事ここに至って、ユトレヒト同盟は国外の人物を君主にすることを断念します。そして、各州が君主という個人ではなく州議会を主権者とし、ユトレヒト同盟規約を事実上の憲法とする国家の樹立を模索します。各州の代表者が一堂に会して議題を話し合う場として、ホラント州の都市ハーグ（現在の南ホラント州の州都）に連邦議会を設置しました。こうして、君主不在のまま「ネーデルラント連邦共和国」は成立します。

明確な独立宣言や建国宣言がなかったことからもわかるように、連邦共和国は〝成り行き〟によって誕生したのです。

新総督の改革

ネーデルラント連邦共和国（以降、オランダと表記）が成立したとはいえ、スペインとの争いが終わったわけではありません。しかもウィレム1世の亡きあと、スペインで人質とされていた長男のフィリップスが、異母弟のマウリッツやフレデリックとの争いの末、オランイェ公を継承します（61ページの図を参照）。とはいえ、フィリップスはスペイン側の人間であり、オランダの地を踏むことはなく、その地位は名目上のものでした。一方、争いに敗れたマウリッツは、1585年にホラント州とゼーラント州の総督となりました。

マウリッツは連邦議会によって陸海軍の最高司令官にも任じられ、パルマ公率いるスペイン軍との戦いの指揮を執ります。最高司令官となったマウリッツは、常備軍の創設や軍法の制定、規律の強化など軍制改革に取り組みます。さらに、砲兵隊や工兵隊などの専門職部隊を創設したうえ、武器の規格の統一、銃兵の増員、野戦砲の導入などを行いました。この軍事革命とも呼ばれることのある一連の改革によって、オランダ

陸軍は近代的な軍へと生まれかわり、スペイン軍との戦いでその力を発揮していきます。

スペイン軍は1585年時点でネーデルラント南部の境界一帯を占領しており、さらにネーデルラント随一の商工業都市だったアントウェルペンに攻め寄せました。これにより、アントウェルペンを含むネーデルラント南部からプロテスタントの商工業従事者が離れ、その多くの移住先となったアムステルダムをはじめとしたネーデルラント北部は栄えることになります。

またスペイン軍は、オランダ軍を援助していたイングランドに対し、1588年に艦隊を差し向けますが、イングランド艦隊に敗北します（アルマダ海戦）。これ以降、海上におけるスペインの勢いは陰《かげ》りを見せます。さらに、カトリックとプロテスタントの争いに端を発したフランスの内乱であるユグノー戦争（1562〜1598年）にパルマ公はカトリック側として参戦します（1592年に戦死）。

難敵であるパルマ公が戦線を離れたことで、マウリッツの指揮のもとでオランダ軍は巻き返しをはかり、次々とスペイン軍の占領地を奪還していきます。オランダ軍が勢いを盛り返せたのはパルマ公の不在だけが理由ではありません。1596年に、イングランドとフランスと結んだ三国同盟が重要な役割を果たしていました。この同盟が結ばれたことで、イングランドとフランスにオランダは〝独立国〟と認められたのです。

休戦したのに国内で争う

1598年、仇敵《きゅうてき》であるフェリペ2世が死去し、その子がフェリペ3世としてスペイン国王に即位します。衰えゆく大国の王となったフェリペ3世は三国同盟の圧力もあり、オランダとの和平交渉を模索します。そして1609年、ホラント州の法律顧問《こもん》でオランダの実権を握っていたオルデンバルネフェルトの尽力により、両国間で休戦条約が結ばれました。オルデンバルネフェルトはウィレム1世とともに独立運動に参加し、先の三国同盟の成立にも貢献した人物です。

この条約では、12年間休戦すること、条約を結んだ時点で実効支配している地域をそれぞれの領地とすること、条約の履行《りこう》期間中だけではあるものの、スペインがオランダの主権を認めることなどが取り決められました。

ようやく安寧《あんねい》を取りもどしたかに見えましたが、今度はオランダ国内での争いが表面化します。当時、国内のカルヴァン派は、厳格派、穏健派、多数を占める中間派の3グループに分かれていました。厳格派は南部10州から移住してきた牧師が多く、南部10州を取りもどそうと戦争の継続を望んでいました。対して穏健派は休戦に賛同する立場を貫き、交易により利益を享受《きょうじゅ》する貴族や商人の支持を得ていました。

そのような対立構図が生まれるなか、ともにライデン大学の神学教授である穏健派のアルミニウスと厳格派のホマルスが予定説（58ページ参照）の教義をめぐり、1604年に対立します。否定的な立場だったアルミニウスはもっと柔軟に解釈すべきと主張したのに対し、ホマルスは厳格に解釈すべきと主張しました。

この争いが政治の場まで持ち込まれると、マウリッツは厳格派を、オルデンバルネフェルトと法学者のグロティウスは穏健派をそれぞれ支持したことで、この対立はオランダの指導者同士の争いへと発展します。このとき、中間派は立場を明確にせず、様子見を決め込んでいました。

ここで登場したグロティウスという人物は、1583年にデルフトで生まれました。11歳でライデン大学に入ると、16歳で弁護士として自立するほどの頭脳の持ち主でした。

20代で著した『海洋自由論』において、誰もが自由に海上通行や貿易が行えると説き、同時代を代表する法学者としての地位を若くして築いていました。

やがて厳格派と穏健派の対立は激化し、一触即発の状態となりました。その最中の１６１８年、マウリッツが突如として、オルデンバルネフェルトとグロティウス、その協力者らを逮捕します。なお、アルミニウスは１６０９年に死去しており、それ以降の穏健派はアルミニウス派と呼ばれていました。

逮捕者を裁くための法廷が１６１９年に開かれ、オルデンバルネフェルトは国家反逆罪で死刑となり（同年に刑が執行）、グロティウスには終身禁固刑の判決が言いわたされました。１６１８年11月には、イングランドやドイツなどのカルヴァン派の学者も参加した会議（ドルドレヒト全国教会会議）が開かれます。会議を経て、アルミニウス派は異端とされ、同派の牧師の多くが国外追放されました。とはいえ、アルミニウス派を追い落としても厳格派は少数であり、中間派は健在だったことから主導権を握るまでには至りませんでした。

ドルドレヒト全国教会会議では、『聖書』が自国の言語で翻訳されることも決められ、こうしてつくられた『聖書』をもとに今日のオランダ語の基礎が形づくられていきます。政敵をほうむり去ったのち、マウリッツは政権を一手に握ります。１６１８年には異母兄のフィリップスが死去したことで、オランイェ公に即位します。

さて、収監されたグロティウスのその後ですが、脱出に成功すると、パリへ逃亡しました。グロティウスはパリで三十年戦争の実態を知ると、国家間の紛争を制限する法律の必要性を感じます。三十年戦争とは、１６１８年に始まったドイツを震源とし、ヨーロッパ全土を巻き込んだ宗教戦争です。ドイツ国内のカトリック勢力にはスペインが、プロテスタント勢力にはオランダが味方しています。そこへ、フランスがプロテスタント側を支援したことで、戦争は泥沼化していました。

戦争が続くなか、グロティウスは１６２５年に『戦争と平和の法』を発表します。この本のなかで、たとえ戦争中であっても国家間で守るべきルールを定めることの必要性などを説きまし

た。そのため歴史上、グロティウスは「国際法の父」と呼ばれています。その死後、遺体は故郷であるデルフトの新教会に埋葬されました。

八十年戦争の終結

休戦条約の効力の期限が切れたことで、1621年4月に八十年戦争は再開しました。このころには先述の三十年戦争も始まっており、オランダは同時に二つの戦争に直面することになります。同年、スペインではこの世を去ったフェリペ3世に代わり、その後継者であるフェリペ4世が即位していました。

再開したスペインとの戦争が続くなか、1625年4月にマウリッツは死去し、異母弟のフレデリックがオランイェ公を受け継ぎ、ホラント州やゼーラント州など5州の総督、そして陸軍総司令官に就任しました。

フレデリックは兄に劣《おと》らないほど、すぐれた軍事的な才能の持ち主でした。スペインに支配されていたオランダの南部地域に攻め込むと、スペインに占領されていた都市を奪還していきました。またフレデリックは、父であるウィレム1世と同様、信仰に寛大だったことから、国外追放となっていたアルミニウス派の牧師がもどってきます。

戦局はオランダが不利というわけではありませんでしたが、大国であるスペインと単独で戦い続けることは不可能でした。そこで、オランダは他国と条約を結んでいきます。まずは１６２４年にフランスと、その翌年にはイングランドと条約を結び、関係を強化します。１６３５年にはフランスと攻守同盟（パリ条約）を結びます。これは軍事同盟であるとともに、スペインが当時支配していた南部諸州を奪い取った場合の分割案も含まれていました。

ほかにも、スウェーデン王国やヴェネツィア共和国、デンマーク王国、ブランデンブルク辺境伯領などとも条約を結びました。その結果、三十年戦争において、イングランドやフランス、スウェーデンなどがプロテスタント勢力と

そのころ、日本では？

江戸幕府の第3代将軍・徳川家光の治世にあたる1637年、島原《しまばら》（現在の長崎県）と天草《あまくさ》（現在の熊本県）の領民が重税や信仰への弾圧に耐えかね、蜂起します。島原・天草一揆（島原の乱）です。この乱を幕府は武力で鎮圧したのち、禁教令をいっそう徹底し、鎖国体制を築いていくのです。

して参戦したことは、八十年戦争においてスペインがオランダに対し、兵を割けない要因となります。

1639年には、オランダの提督トロンプがスペイン艦隊を打ち破ったことで戦局はオランダの優位に傾きます。この機を逃さず、オランダは八十年戦争の休戦に向けて動き出します。1641年、まずは前年にスペインから独立を果たしたばかりのポルトガル王国と休戦条約を結びました。

そして1643年からは、三十年戦争の終結に向けた和平交渉が開始されます。それにともない、1646年からはオランダとスペインの間でも和平交渉が始まります。その最中の1647年にフレデリックがこの世を去り、その子であるウィレム2世がオランイェ公となり、総督並びに陸海軍の最高司令官に就任し、交渉を引き継ぎます。

翌1648年、オランダはスペインとミュンスター条約を結び、12年の休戦期間を挟んで続けられた八十年戦争はようやく終わりを迎えます。この条約によってスペインと神聖ローマ帝国は、オランダを正式に独立国家として認めました。この際、オランダの占領下にあったブラーバント州の北部がオランダ領（現在の北ブラーバント州に相当）

となっています。同年にはミュンスター条約と並行して作成されたウェストファリア条約が結ばれ、三十年戦争も終結します。この条約は世界初の近代的な国際条約とされており、その主な内容は、①オランダとスイスの独立の承認　②プロテスタントの承認（＝宗教戦争の終結）　③ドイツの諸侯のほぼ完全な主権の承認などであり、当時のヨーロッパの勢力図を大きく塗りかえるものでした。

この条約によって独立が各国に認められたオランダは、国際社会のなかで主権国家としての地位を確立することになります。

経済力に応じて強い権限を持つ

正式に国家と認められたオランダでしたが、その国体は同時代の国家を基準とすると、奇妙で複雑なものでした。というのも、16〜17世紀におけるヨーロッパ諸国の政治体制は、唯一無二の君主が絶対的な権力で議会や諸侯を支配する、すなわち絶対王政の時代だったからです。対してオランダには君主がおらず、各州の議会が主権を持つという体制でした。

議会は大多数の都市議員と少数の貴族および聖職者で構成されていました。都市議員は州内の都市の代表者であり、その出自の多くが大商人です。議会の開設当初こそ、都市議員は選挙で選ばれていましたが、有力者家系同士の交際や婚姻が進んだ結果、少数の家系による特権的な世襲制となります。こうした都市議員などは「レヘント」と呼ばれ、少人数で議会を支配し、州の政治を司っていました。

各州の議会では、行政や立法など州内の事案が話し合われ、決められていました。ホラント州議会を例にとると、州内の18都市から選出された議員がそれぞれ1票ずつの計18票、貴族が農村を代表して1票を投票し、採決されます。また、アムステルダム市が州の予算の約44%を拠出《きょしゅつ》していたことから、ほかの都市よりも強い権限を有するなど、都市の間の経済格差がそのまま政治的なパワーバランスに反映されていました。

州議会を主導していたのが総督や法律顧問です。法律顧問は役人であり、もとは票を数え、討議の内容をまとめ、記録する係を担っていました。それが議会の運営・管理はもちろんのこと、州の代表として全国議会にも出席するようになっていったのです。他方、総督は州議会により任命されました。一般的には君主の代行という位置づけでしたが、当時のオランダには君主が存在しなかったことから役職だけがそのまま残ったのです。総督は州軍の総司令官であり、1625年からはホラント州総督がオランダ軍の最高司令官も兼任しました。

州の総督は州ごとに定められていました。ウィレム1世から始まるオランイェ・ナッサウ家の当主はホラント州やゼーラント州などの総督を、ウィレム1世の本家筋であるナッサウ・ディレンブルク家（のちに断絶してナッサウ・ディーツ家が継承）の当主はフリースラント州やフローニンゲン州などの総督を務めました。以後、各州の総督は、基本的にはこの二つの家系から輩出されることになります。

平時において総督は、政治的な権限をあまり有していませんでした。しかし、戦争などの緊急時には発言力を増し、強い指導力をもって難局に臨みました。

重要議題は全会一致が原則

オランダという国家は、ホラント、ゼーラント、ヘルダーラント、ユトレヒト、オーファーアイセル、フリースラント、フローニンゲンの7つの州のほかに、経済力が低く納税が不十分だったため独立州と認められなかったドレンテ準州と、全国議会の直轄領で構成されていました。

この直轄領は八十年戦争によってスペインから勝ち取ったもので南部10州と境界を接する5つの地域です。この地域はカトリックが多く、スペインとの緩衝《かんしょう》地帯とされ、自由と自治が大幅に制限された植民地のような存在でした。

州内の問題は州議会で議論すれば事足りましたが、国全体に関わることは全国議会で話し合われました。全国議会はハーグのリッデルザール（37ページ参照）で行われ、各州の議会の代表者が集まりました。その際、州が送り込む代表に制限がなかったため、席が足りずに立ったまま参加する代表もいたそうです。

全国議会の議題にあがったのは、条約締結などの外交案件や陸海軍の運用、国土の防衛、戦費の調達、各州からの国費の徴収、直轄領の統治などです。これらのなかでも、より重要な条約締結や防衛問題に関しては全会一致での可決が原則でした。そのため、議論が紛糾《ふんきゅう》してなかなか決着しないこともしばしばありました。しかも、各州の代表者は意思決定権を持っていなかったことから、議会が紛糾するたびに議題を州に持ち帰り、州議会で再協議するケースもあったといいます。

全国議会においても、州議会と同様に経済格差が物をいい、国費の分担比率が大きいほど強い影響力を有していました。そのなかでも6割弱を負担していたホラント州の影響力は絶大で、全会一致が必要な重要議題を決議する際はホラント州の代表者の考えが重視されました。そのホラント州を実質的に牛耳《ぎゅうじ》っていたのはアムステルダムであり、その意向によってオランダの国政は動いていたといっても過言ではありません。

ホラント州の法律顧問も絶大な権力を有していました。ホラント州議会は全国議会と同じハーグに位置していたため、ホラント州の法律顧問は、外国から届いた郵便物の返書の草案を書くといった国家レベルの仕事も兼務していました。そうして国際的な政務に精通するようになったホラント州の法律顧問は、国の宰相《さいしょう》のような権限を持つようになったのです。

迫害を逃れてきたユダヤ教徒

八十年戦争を経て、国内政治を主導してきたカルヴァン派は、公的教会に定められました。州総督を務めるオランイェ家をはじめ、政治を担うレヘントのほとんどがカルヴァン派だったことがその理由です。各地のカルヴァン派の教会の指導者である長老を務めたのも、その地のレヘントでした。しかし、カルヴァン派がほかの宗教・宗派を弾圧するほどの力はありませんでした。そのため、オランダにはカルヴァン派以外のさまざまな信者が移り住んできます。たとえば、ドイツや北欧諸国からルター派の商人や泥炭《でいたん》採掘人《さいくつにん》がやってきます。

ほかのプロテスタントの宗派として、メンノー派もオランダで広まりました。メンノー派は、不戦主義や公職に就かないことを教義としているのが特徴です。メンノー派に対してもレヘントは寛容でした。なぜなら、メンノー派の人々のなかには商人として成功した人物が多く、国内の経済に貢献したからです。

プロテスタントと対立関係にあったカトリックに対しても寛容であり、強制的な改宗や暴力的な迫害はほぼ起こっておらず、屋内での私的な礼拝は認められていました。一定の金銭を当局に納めるなどの条件を満たせば、信者が集まって礼拝を行うことも許されていました。

信仰に寛容なことが広く知れわたると、他国で迫害を受けていたユダヤ教徒がオランダに移り住むようになります。16世紀末には、ユダヤ教からカトリックに改宗させられたポルトガル商人がアムステルダムに移住したのち、州議会の議決によって信仰の自由などが認められるとユダヤ教に改宗しています。その後もアムステルダムへ移り住むユダヤ人は増え続け、18世紀末におけるアムステルダムの人口18万人のうち、およそ1割をユダヤ人が占めました。そんなユダヤ人には金融業などで財を成した者が数多く、アムステルダムの繁栄に彼らは貢献することになります。

ユダヤ人の共同体では一定の自治が認められ、婚姻や食文化などの信仰にかかわることは許されていました。ただし、ユダヤ人とキリスト教徒の婚姻は禁止されるなどの制限も存在しました。

ユダヤ教徒が多く住むようになったアムステルダムには、ポルトガル系ユダヤ人によってシナゴーグ（ユダヤ教会堂）が建設されました。そのなかの一つ、１６７５年に完成し、現存するポルトガル・シナゴークは、世界最古のユダヤ教の図書館があることで知られています。

ひみつコラム

オランダの国旗・国歌

オランダとルクセンブルクの国旗のどこが違う？

オランダの国旗は横に3分割された三色旗で、上から順に赤・白・青の配色となっています。16〜17世紀の八十年戦争のときに使われた旗がもとになっており、赤は国のために戦った人々の勇気を、白は神の祝福を願う信仰心を、青は祖国への忠誠心を表しています。

じつは旗がつくられた当時、一番上の色はオレンジ色でした。これは、オランイェ家の紋章にオレンジ色が使われていたからです。しかし、１９３７年に制定された国旗の一番上の色は赤色でした。一説に、オレンジ色が変色しやすかったから赤色にしたともいわれていますが、正確な理由は定かではありません。

オランダ国旗とよく似た旗にルクセンブルク国旗とロシア国旗があり、いずれも横に3分割された三色旗です。なかでもルクセンブルク国旗は一見すると配色もオランダ国

オランダ

〈上段〉赤色
〈中段〉白色
〈下段〉青色

ルクセンブルク

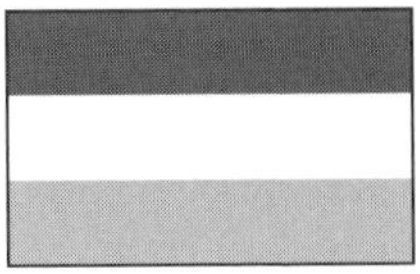

〈上段〉赤色
〈中段〉白色
〈下段〉水色

ロシア

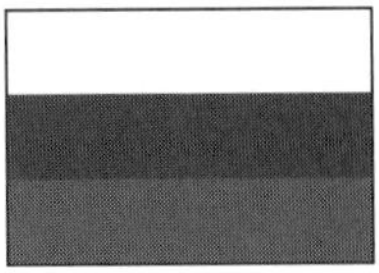

〈上段〉白色
〈中段〉青色
〈下段〉赤色

旗と同じに見えますが、ルクセンブルク国旗は一番下が青ではなく水色です。オランダ国旗とは縦横の比率も異なり、オランダ国旗は2対3、ルクセンブルク国旗は3対5です。

オランダの国歌である『ヴィルヘルムス』は、1932年に定められました。ヴィルヘルムスとは、八十年戦争を主導したウィレム1世のことで、歌詞はウィレム1世がスペイン軍と戦う兵士らを鼓舞《こぶ》する内容です。歌詞は15番までありますが、公式の場などで歌われるのは1番と6番のみです。

歌詞が最も古い国歌は日本の『君が代』ですが、この『ヴィルヘルムス』は1570年ごろに作曲されたとみられており、世界で最も古い旋律《せんりつ》の国歌とされています。

知れば知るほどおもしろいオランダの偉人❷

無神論者として批判された哲学者

ベネディクトゥス・デ・スピノザ

Benedictus de Spinoza

（1632～1677）

15年をかけて『エチカ』を著す

アムステルダムに生まれたスピノザは、デカルト、ライプニッツらとともに17世紀を代表する哲学者と評されています。

ユダヤ人商人を父に持ち、自身もユダヤ教の教育を受けましたが、その教義を批判したことで1656年にユダヤ教会から破門されました。

スピノザが唱えた一種の汎神論《はんしんろん》は、宇宙や世界、自然などこの世のすべては神と同一であるという考えであり、神を擬人化《ぎじんか》してとらえていた当時の宗教観とは異なります。そのため、スピノザは無神論者、あるいは唯物《ゆいぶつ》論者として批判されました。

15年をかけて自身の汎神論的思想体系をまとめた大著『エチカ』（「倫理学」という意味）も生前に刊行することはかなわず、哲学者としての評価が高まるのは18世紀以降のことです。

chapter 3

黄金時代の到来

軽量な国家

その時代で最も強大な政治力、経済力、軍事力を有する国を覇権国と呼ぶことがあります。近世では16世紀中ごろのスペインや18世紀のイギリス（これ以降、イングランドはイギリスと表記する）が該当しますが、17世紀のオランダも覇権国と呼べる地位にありました。

ただし、オランダの軍事力は同時代のイギリスなどとくらべ、それほど強大ではありませんでした。この国を覇権国たらしめたのは、他を圧倒する経済力です。国土の狭いオランダは精力的にアジア、アメリカ、アフリカなどの市場を開拓し、ポルトガルやイギリスなどを抑えて海上貿易の主導権を握りました。そのピークにあたる16世紀末から17世紀は、オランダが栄華を極めたいわば〝黄金時代〟にあたり、20～21世紀のアメリカの社会学者ウォーラーステインは自著のなかで、「資本主義的世界経済において覇権を握ったのはオランダ、イギリス、アメリカのみである」と述べています。

スペインから独立したオランダが覇権国となる過程を見ていく前に、まずは国家としての特徴をおさらいしておきましょう。

16〜17世紀のヨーロッパでは、スペイン、イギリス、フランスなどが絶対王政のもとで中央集権的な国家運営を行っていました。一方でオランダは、共和制および連邦制を採用しました。正式な国名は「ネーデルラント連邦共和国」であり、構成していたのはユトレヒト同盟に参加していたホラント、ゼーラント、ヘルダーラント、ユトレヒト、フリースラント、オーファーアイセル、フローニンゲンの7州、それと準州のドレンテや議会直轄領などの地域です。

国家元首に相当するのは総督であり、この役職を代々務めるオランイェ公が事実上、オランダの君主の地位にありました。よりくわしく説明すると、主要7州のうちホラントをはじめとする4〜5州の州総督を務めていたのがウィレム1世を初代とするオランイェ・ナッサウ家で、そのほかの2〜3州の州総督を務めていたのがウィレム1世の甥が興したナッサウ・ディーツ家です。7州の中心は総督が居住していたハーグや、貿易の拠点であるアムステルダムやロッテルダムなどの都市を有するホラント（州）であり、その州総督はオランダ総督とも呼ばれました。

政策決定機関としては主要7州の代表者で構成される連邦議会が存在しましたが、各州は必ずしもその決定に従う義務はありませんでした。州の自立性は非常に高く、国家の主権は中央政府ではなく、各州それぞれが保持していました。たとえば都市の防衛を担っていたのは正規の国軍ではなく、市民からなる防衛隊です。また、徴税業務も中央政府の官僚ではなく、政府と契約を結んだ商人らが行っていました。当時のオランダは今日でいう行政民営化が進展しており、中央政府の負担が軽い〝軽量な国家〟といい表すことができます。

知識層の流入で栄える北部

連邦共和国の主要7州のうち、大きな発展を遂げたのはホラント州とゼーラント州です。16世紀半ばまでネーデルラントの先進地域は北部ではなく南部でしたが、前章でも述べたように、南部の中心都市だったアントウェルペンが八十年戦争の戦場となったことで、高い技術や知識を持つ商工業者たちが北部に流出しました。そのため、もとは小さな港町だったホラント州のアムステルダムやゼーラント州のミデルブルフ（現在のゼーラント州の州都）が、アントウェルペンに代わる商業都市、貿易拠点として発展していったのです。

レヘントと呼ばれる都市貴族は、連邦議会や州議会の議員になることができました。彼らのなかでも、アムステルダムから選出された議員は強い発言力を有していました。そしてオランダ総督が都市経済に介入することはなく、商工業者たちは自由な商業活動を行っていました。社会インフラも整備されており、他国にくらべて識字率や教育水準が高かったことも経済発展の背景として挙げられます。

“オランダはオランダ人がつくった”

オランダといえば、多くの人が風車を思い浮かべるのではないでしょうか。16〜17世紀のオランダでは農業（とくに酪農や畜産）、工業、海運業などさまざまな産業が飛躍しましたが、この経済発展と風車は密接に関係しています。

50ページでもふれたように、風車がオランダに伝わったのは13世紀ごろと見られています。当初は穀物を挽《ひ》いて粉にする際に風車は用いられていましたが、しだいに低湿地や泥炭地を開墾する際の排水にも利用されるようになります。16世紀に入ると、風車を利用した干拓が本格的に始まり、国内には「ポルダー」と呼ばれる干拓地がいくつも生まれました。

経済発展の著《いちじる》しい17世紀以降は、湖沼《こしょう》を対象にした大規模な干拓が行われるようになります。そのなかでも、1612年から1617年にかけて実施されたホラント州ベームスター湖の干拓は、オランダ初の近代的な干拓事業であり、付近一帯は1999年にユネスコの世界文化遺産に登録されました。

17世紀を通じてオランダでは48件の干拓事業が行われ、それにより獲得した土地の総面積は約270平方キロメートルにのぼります。その後も現代に至るまで干拓は随時行われ、現在は国土の約3分の1（約1万4000平方キロメートル）が干拓地です。「世界は神がつくったが、オランダはオランダ人がつくった」という格言は、水との戦いであったオランダの歴史を端的に表しているといえるでしょう。

干拓地は主に農地として利用され、耕作に不向きな干拓地では酪農が盛んになりました。乳製品はオランダの主力輸出品の一つであり、ベームスターはチーズの産地として世界的に知られています。

風車が高めた国際競争力

当時の風車は木製であり、その製造を通じて木材の加工技術も向上していきました。風車は製材の際の動力としても利用されるようになり、風車1基で25人分もの仕事を担ったと見られています。作業の効率化は産業の国際競争力を飛躍的に高めました。とくに造船業で顕著《けんちょ》であり、オランダ船の製造コストはイギリスよりも40～50％ほど低かったそうです。

加えて、古くから漁業の盛んなオランダでは船の技術革新も断続的に起こっています。たとえばバスと呼ばれる漁船は甲板《かんぱん》が広く、獲れた魚を船上で加工できました。これは、傷《いた》むのが早いニシンの漁でオランダを優位に立たせました。

そして16世紀末になると、今度は逆に甲板が狭く、船倉の広いフライト船が輸送船として開発されます。当時は港や灯台の使用料が甲板の広さで決まっていたため、このフライト船は貿易のコストダウンにつながりました。しかもフライト船は従来の船にくらべて高速で積載量も多く、長期間の大量輸送を可能にしました。こうした性能から、17世紀のヨーロッパで航行していた船舶《せんぱく》の6割がオランダ製だったそうです。

高い造船技術は他国からの注目を集めました。1697年から翌年にかけては、ヨーロッパ各国を歴訪中のロシア帝国の使節団がオランダを訪れています。約250人から成るこの使節団には、皇帝ピョートル1世もピョートル・ミハイロフという変名で加わっていました。オランダに入国後、ピョートル1世は身分を隠して別行動を取ると、造船所で見習い職人として働き、アムステルダム郊外のザーンダムに滞在しました。

使節団はプロイセンやイギリスにも足を運んでおり、ピョートル1世はこの歴訪で得た知見をもとにさまざまな改革を実行し、ロシアの近代化を成し遂げました。なお、オランダ滞在時のピョートル1世の住まいは博物館として現存しています。

香辛料を求めてアジアへ

オランダは北海に面し、北海はバルト海とつながっています。15世紀までこの二つの海の貿易はハンザ同盟（53ページ参照）が牛耳っていましたが、その衰退後はオランダがバルト海貿易の主導権を握りました。

国土が狭く、低湿地の多いオランダでは穀物や木材の供給は他国に頼るほかなく、小麦やライ麦などの穀物はドイツ北部やポーランドから、木材は主にバルト海諸国から輸入していました。その見返りとしてオランダから輸出されたのは、乳製品や塩漬けニシン、毛織物などです。中継貿易も行っており、フランス製のワインやスペイン産の塩などもドイツやバルト海沿岸の国々に輸出されました。

スペインの産物を買いつけていることからもわかるように、16世紀以降のオランダの貿易網はもはや北海とバルト海だけに留まらず、イベリア半島やジブラルタル海峡を東に抜けた地中海にも広がっていました。

15世紀以降、ヨーロッパでは胡椒《こしょう》をはじめとする香辛料が高値で取引されており、各国の船はこぞってその産地であるインドや東南アジアを目指しました。こうして始まったのが大航海時代です。16世紀のアジア貿易を主導していたのはポルトガルであり、オランダもポルトガルから香辛料を買いつけ、北欧の国々などに輸出していました。

ところが、１５８０年にオランダの貿易網に大きな影響を与えるできごとが起こります。オランダと敵対していたスペインによるポルトガルの併合です。スペイン国王フェリペ2世（60ページ参照）はオランダ船のリスボン（現在のポルトガルの首都）への入港を禁じ、オランダは香辛料の取引から締め出されてしまいました。この問題に対し、オランダ商人たちが出した答えは〝みずからアジアに船を出す〟ことでした。オランダのアジア進出はこうして始まったのです。

オランダ東インド会社の設立

アジアはオランダにとっては未知の土地であり、そこに至る航路から開拓しなければなりませんでした。当初はロシア北岸を東に進むルートが模索されましたがうまく行かず、アフリカ大陸最南端の喜望峰《きぼうほう》を迂回《うかい》するルートがとられました。

1595年6月、オランダ人探険家のハウトマン率いる4隻《せき》の船団がジャワ島西部のバンタンに到着しました。これがオランダとアジアのファースト・コンタクトです。1598年には、ハウトマンに触発されたアムステルダムの貿易会社がオランダ人のファン・ネックを提督とする船団をバンタンに派遣したうえ、テルナテ島などに商館を開設しました（160ページの地図を参照）。当時のオランダにはいくつもの貿易会社が存在しており、1601年までに15船団65隻がオランダを発して、アジアへと向かったのでした。

ここで新たな問題が発生します。オランダの貿易会社同士の競争により、アジアでの仕入価格が高騰し、逆に卸売《おろしうり》価格は下落する事態となったのです。時を同じくしてイギリスではイギリス東インド会社が設立されており、このままではアジア貿易で他国の優位に立つことはできません。そこでホラント州の法律顧問を務めていたオルデンバルネフェルト（76ページ参照）は国内の貿易会社を一つにまとめることを提案し、それを各社の代表も受け入れました。こうして1602年3月に誕生したのが、連合東インド会社（Verenigde Oost-Indische Compagnie　略称：VOC）、すなわち「オランダ東インド会社」です。

VOCは株式会社とみなされていますが、その根拠としては、出資者が有限責任（倒産時に出資金以上の損害を被《こうむ》らない）であったこと、出資の対象が事業ではなく会社そのものであったこと、株式の譲渡が自由に行えたことなどが挙げられます。

チューリップ・バブル

6つの支社からなるVOCでは正式な本社が決められておらず、アムステルダム支社がその役割を果たしていました。株式の売買を行う証券取引所も1602年にアムステルダムで設立されており、これが世界最古の証券取引所とされています。世界金融の中心地となるアムステルダムを擁していたことも、オランダが覇権国となった要因です。

証券市場は時として異常な投機熱を生み、金融商品の価格の急騰を招きま

す。いわゆるバブルです。17世紀のオランダでは、チューリップの球根を投機対象とする「チューリップ・バブル」が発生しました。16世紀後半にオランダへ持ち込まれたチューリップは贅沢品《ぜいたくひん》として人気を集めました。やがて観賞目的ではなく投機対象として転売されるようになり、ピーク時の1636〜1637年には、アムステルダムの高級住宅よりも高い値段で取引されていたそうです。

ところが1637年2月、球根の価格が大暴落します。突如として買い手がいなくなり、投資家たちが投げ売りしたのが原因とされていますが、詳細な理由は定かではありません。土地や家を担保に購入していた人たちは破産を余儀なくされ、チューリップ市場の混乱はオランダ経済そのものにも打撃を与えることとなりました。しばらくの間、チューリップ市場は停止されましたが、大暴落の3カ月後にはバブル前の価格にもどり、再び取引されるようになりました。

人々のチューリップに対する愛情はその後も変わらず、チューリップは現在、オランダの国花（国を代表・象徴する花のこと）とされています。国内には大小さまざまなチューリップ園がありますが、なかでも南ホラント州リッセのキューケンホフ公園は世界最大のフラワーパークであり、800種類ものチューリップに加え、ヒヤシンスやスイセンなど合計700万株が植えられています。

1992年にはこのリッセと富山県砺波《となみ》市が姉妹都市提携を結んでいます。富山県は全国トップのチューリップ球根の出荷量を誇り、県の花もチューリップです。砺波市では1918年に県内で初めてチューリップ栽培が始まりました。富山県の気候は夏場を除けばオランダに近く、チューリップの栽培に適しているそうです。

東アジアをめぐる争い

話をVOCにもどします。VOCはオランダ政府からアジア貿易の独占権が与えられ、他国と条約を結ぶ権限や交戦する権限も与えられていました。つまり、東アジアにおいてVOCは一つの国家であったということができます。

1619年にはアジア貿易の本拠となる要塞をジャワ島に築き、土地の名を「バタヴィア」（現在のジャカルタ）と改めました。その後は東アジア貿易で先行するポルトガルやスペインを武力で排除し、台湾、セイロン島（スリランカ）、マラッカ（現在のマレーシアの都市）などに次々と拠点を築いていきました（160ページの地図を参照）。中国大陸沿岸部の都市であるマカオもねらいましたが、ポルトガルと中国の明《みん》王朝の激しい抵抗に遭《あ》い、撤退を余儀なくされます。中国大陸に商館を置けるようになったのは1749年のことであり、それまで中国との直接的な貿易は行われませんでした。

代わりにアジア貿易の中継基地となったのは台湾です。VOCによる台湾の支配は1624年から1662年まで行われました。台湾島の存在自体はヨーロッパで知られていましたが、組織的な統治が始まるのはオランダ人が上陸してからのことです。それ以前の台湾には先住民族が暮らしていましたが、労働力を求めるVOCの募集に応じる形で大陸の漢人が移住するようになりました。

明王朝は1644年に倒れ、代わって清《しん》王朝が中国大陸の大部分を支配下に置きます。明王朝の遺臣である鄭成功《ていせいこう》は旧王朝の復興運動を展開しますが、清軍との戦いに敗れると、新たな拠点を求めて台湾に侵攻します。こうして本拠地のゼーランディア城を奪われたVOCは、台湾から撤退しました。

当時のVOCはイギリス東インド会社とも争っており、1623年にはモルッカ（マルク）諸島をめぐる事件が発生します。丁子《ちょうじ》（クローブ）やナツメグといった香辛料の産地であるモルッカ諸島はもともとVOCが押さえていましたが、香辛料貿易の利権をねらってイギリスも進出してきたことで両陣営は争うようになります。

事態収束に乗り出した両国政府は両東インド会社の合併を決めますが、現地の軋轢《あつれき》は解消されません。やがてイギリス東インド会社によるアンボイナ島オランダ商館の襲撃計画が発覚し（拷問《ごうもん》による発覚であり、本当に襲撃計画があったかは不明）、関係者全員が逮捕、処刑されました。犠牲者のなかには、イギリス側に傭兵《ようへい》として雇《やと》われていた日本人もいました。この事件は島の名をとってアンボイナ事件と呼ばれています。

事件を契機にイギリス東インド会社は東アジアでの香辛料貿易から撤退し、以降はインドでの展開に注力します。そしてのちに、インドを植民地化するに至るのです。

対日外交の幕開け

アジア貿易において、VOCは香辛料のほか、砂糖や紅茶、綿布などをオランダに持ち帰りました。一方、オランダからの輸出品は必ずしも需要が高くなく、対価として交換されたのは銀や銅でした。その供給元となったのが、当時は世界最大規模の銀の産地であった日本です。

現代まで続くオランダと日本の関係は、オランダ船リーフデ号（57ページを参照）が豊後国《ぶんご》（現在の大分県）に漂着した1600年4月から始まります。リーフデ号を含む5隻の船団は1598年6月にロッテルダムを出航し、南米大陸の南端に位置するマゼラン海峡を通過する西廻《にしまわ》り航路で日本を目指しました。しかし、太平洋上で嵐に遭い、船団は散り散りになってしまいます。日本にたどりつくことができたのはリーフデ号1隻のみで、100人以上いた乗組員は24人に減っていました。過酷な航海による消耗《しょうもう》は激しく、さらに6人が上陸してすぐに命を落としたそうです。

1600年は江戸幕府が創設される3年前にあたりますが、すでに徳川家康が実質的な最高権力者でした。異国船漂着の報を聞きつけた家康は、即座に乗組員を大坂（現在の大阪）に召《め》し出します。彼らがもたらす西洋の情報は徳川家にとって有益であり、江戸幕府の成立後にはイギリス人航海士のウィリアム・アダムズ（アダムス）と、デルフト出身のオランダ人船員のヤン・ヨーステンが外交顧問に登用されました。

アダムズは「三浦按針《みうらあんじん》」、ヨーステンはその名をもじった「耶揚子《やようす》」の日本名を得て、両者ともに日本人の妻をめとりました。東京駅の出口にもなっている「八重洲《やえす》」の地名はヨーステンの屋敷があったことに由来し、「やようす」という呼称から転じたともされています。

アダムズは幕府とイギリスとの仲介役として活躍しますが、家康の死後は重用されなくなり、平戸《ひらど》（現在の長崎県平戸市）で没します。ヨーステンは幕府とオランダの橋渡し役として尽力し、朱印状を用いてみずからアジア貿易を展開するもうまくいかず、オランダへの帰国の途上で船が難破し、失意のなか帰らぬ人となりました。

幕府はなぜ貿易を認めた？

オランダと日本の貿易は徳川家康に許可され、その証明書である朱印状は帰国の途に就いたリーフデ号の乗組員を通じて、タイのオランダ商館に渡りました。オランダ総督のマウリッツからの返書を携《たずさ》えたオランダ船が来航したのは１６０９年です。両国間の朱印船貿易はこのときから正式に始まりました。

日本のオランダ商館は平戸に置かれました。日本からは主に金、銀、銅などが輸出され、VOCは中国産の生糸や絹織物などを日本に輸出しました。しかし、VOCは中国大陸に商館を構えておらず、中国の産物を仕入れることができません。そのため、VOCはポルトガル船を襲って中国産の積荷を略奪していました。のちに日本近海での略奪行為は幕府により禁止されています。

家康は海外の文物に多大な関心を寄せ、西洋との交易にも積極的でしたが、幕藩体制をゆるがすおそれのあるキリスト教が日本に広まることは危惧《きぐ》していました。また、当時の朱印船貿易は各地の大名も行っており、幕府は大名の力を削《そ》ぐため、貿易にも制限を加えるようになります。

幕府は1612年と1614年の二度にわたって禁教令を公布し、キリスト教の布教と信仰を全面的に禁止しました。家康の死後は2代将軍・秀忠、3代将軍・家光のもとで海外との貿易に制限が加えられていきます。1623年には平戸のイギリス商館が閉鎖され、1624年にはスペイン船、1639年にはポルトガル船の来航が禁止され、いわゆる鎖国体制が完成しました。とはいえ、完全に国を閉ざしたわけではなく、オランダ、中国、朝鮮、琉球王国、アイヌ民族との交流は維持しています。

さて、イギリス、スペイン、ポルトガルが追放され、オランダとの貿易が許可されたのはなぜでしょうか。その答えは、オランダはプロテスタントの国民が多数を占め、布教や植民地開発よりも通商を重視する国だったからです。しかも1637年から翌年にかけて起こった島原の乱に際しては、幕府からの要請に応じたオランダ側はキリシタン農民らが立てこもる城に艦砲《かんぽう》射撃を加えています。こうした協力姿勢は幕府からの信頼を得ることにつながりました。

ただし、オランダと幕府の関係はつねに良好だったわけではありません。鎖国体制が完成する前の1628年にはタイオワン事件が起こっています。タイオワンとはオランダでの台湾の呼び名です。17世紀初頭の日本にとって、台湾は中国との朱印船貿易を行う際の中継地でしたが、新たに台湾の統治者となったオランダは外国船に10%の関税をかけるようになります。日本の商人はこれに反発し、オランダ人の台湾長官を人質にとる事態にまで発展しました。この騒動はオランダ側が台湾長官を解任したうえで、その身柄を日本側に引き渡したことで収束し、中断していた日本とオランダの貿易も再開さ

平戸と長崎の位置

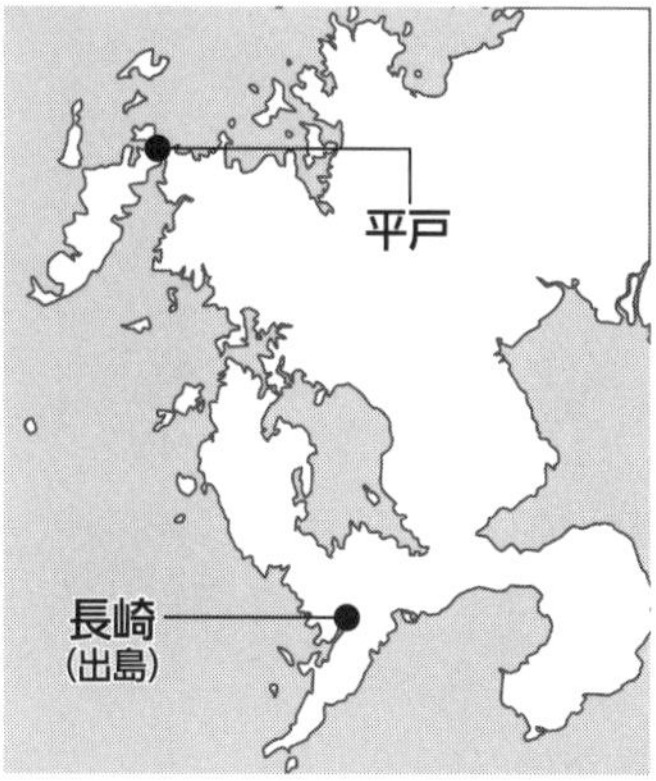

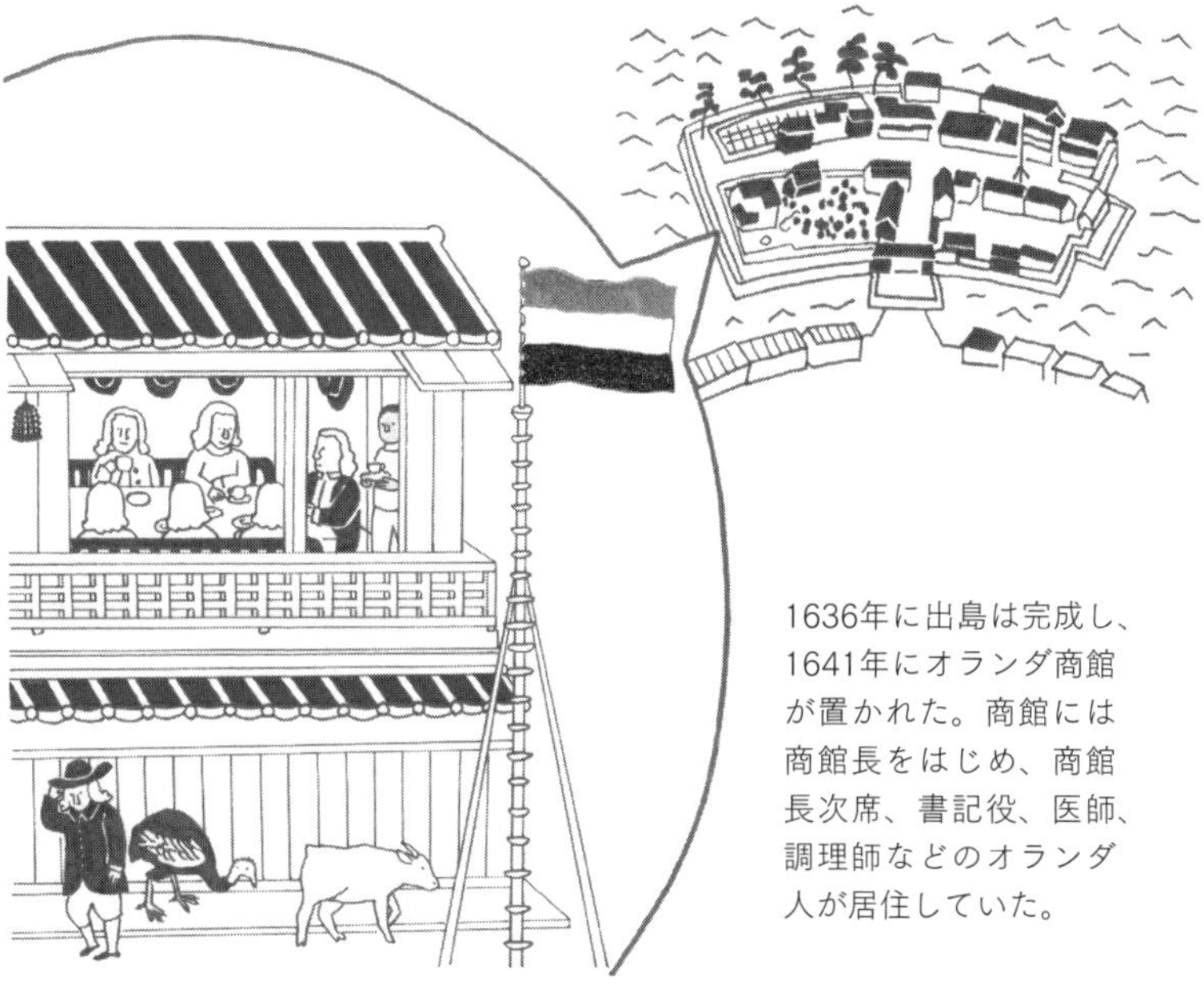

1636年に出島は完成し、1641年にオランダ商館が置かれた。商館には商館長をはじめ、商館長次席、書記役、医師、調理師などのオランダ人が居住していた。

れました。

幕府はオランダに対して一定の警戒心は維持しており、1641年には平戸のオランダ商館は長崎（現在の長崎県長崎市）の人工島である出島に移されたうえで、オランダ人は原則、出島から出ることを禁じられました。以降、幕府が鎖国を解く1854年まで、出島は日本における西洋との唯一の窓口となるのです。例外として、カピタン（商館長）は、将軍に謁見《えつけん》するために1年に一度（1790年からは4年に一度）、江戸へ出向いていました。

「蘭学」という言葉は文字だけ見ればオランダの学問を意味しますが、鎖国下の日本では西洋学問の総称として用いられ、西洋の文物を好む大名は「蘭癖《らんぺき》大名」と呼ばれました。幕末期に老中首座を務めた佐倉藩主の堀田《ほった》正睦《まさよし》も蘭癖大名の1人であり、佐倉（現在の千葉県佐倉市）は長崎と並ぶ蘭学の先進地となりました。

オーストラリアに上陸した初の西洋人

VOCに貿易の独占権が与えられた地域をより正確に表すと、喜望峰より東、マゼラン海峡より西になります。したがってアジアだけでなく、アフリカ大陸の東側やオセアニアも活動領域に含まれます。

アフリカ大陸南端の喜望峰は大西洋からインド洋を経てアジアへと向かう航路の要衝であり、オランダは1652年から喜望峰を含むケープタウンへの入植を開始しました。18世紀末からはこのケープ植民地をめぐってイギリスと争い、1814年のウィーン会議（149ページ参照）の結果、最終的にイギリス領となっています。

オーストラリア大陸は、イギリス軍人の〝キャプテン・クック〟ことジェームズ・クックが1770年に〝発見〟したとされていますが、少なくとも大陸の北側と西側には17世紀中に何人かのオランダ人が足を踏み入れています。

VOCから派遣されたウィレム・ヤンスゾーンは1606年、オーストラリア大陸北岸のヨーク岬半島に上陸しました。また、同じくVOCから派遣されたタスマンは1642年から翌年にかけてオーストラリアを調査し、まだ大陸とは認識されていなかったこの地をニューホラントと名づけました。タスマンはタスマニア島とニュージーランドにも上陸しており、タスマニアという島名はタスマンに、ニュージーランドはオランダのゼーラント州にちなみます。

こうした探険家の活躍で新しい土地の存在を認識したVOCでしたが、商業的な利点は見出せず、貿易拠点が築かれることはありませんでした。オーストラリアは18世紀にイギリス人のクックが訪れるまで忘れられた存在となるのです。

南北のアメリカ大陸はVOCではなく、オランダ西インド会社（Geoctrooieerde West-Indische Compagnie　略称：WIC）の管轄です。この会社は1621年にアムステルダムで設立されました。WICの拠点の一つはカリブ海に浮かぶ島であるキュラソーに置かれました（200ページの地図を参照）。

WICにはアフリカ大陸西部における貿易の独占権も与えられ、大西洋を舞台にした奴隷貿易を主に行っていました。また、1609年から休戦状態にあったオランダとスペインは1621年に戦争を再開しており、WICにはスペイン船やポルトガル船を攻撃・略奪する役目も与えられました。

17世紀前半はイギリスのプロテスタントをはじめ、信仰の自由を求める数多くのヨーロッパ人がアメリカへと渡っていきました。オランダからも多くの人々がアメリカに移住しており、現在、彼らを祖先とするオランダ系アメリカ人は推計で約３５０万人にのぼります。歴代の大統領では第8代マーティン・ヴァン・ビューレン、第26代セオドア・ローズヴェルト、その縁戚にあたる第32代フランクリン・ローズヴェルトがオランダ系であり、なかでもビューレンは非アングロ・サクソン系としては初めてのアメリカ大統領です。

そのほか、俳優のハンフリー・ボガートやジャック・ニコルソン、ロバート・デ・ニーロらがオランダ人の血を引いています。また、世界的発明家であるトーマス・アルバ・エジソンは父親がオランダ系です。

市井の人々の何気ない日常を描く

独立後のオランダで力を持っていたのは都市部の商人や富裕層です。経済発展のなかで富を蓄えた彼らは芸術家や建築家のパトロン（支援者）となり、この時代の創作活動を支援しました。

大きな変化があったのは絵画の分野です。オランダではカトリックの影響力が衰退したことにより宗教画の発注が減り、その代わりに市民の日常を描いた風俗画が数多く生み出されることとなりました。

明暗のコントラストを強調する画風から「光と影の魔術師」とも呼ばれるレンブラントは、この時代を代表する画家です。1606年に生まれ、主に故郷のライデン（現在の南ホラント州の都市）や、アムステルダムで活動し、1642年には代表作である『夜警』を描き上げました。正式な題名は『フランス・バニング・コック隊長とウィレム・ファン・ライテンブルフ副隊長の市民隊』であり、描かれている市民隊（自警団）が発注元です。レンブラントは

群像を描いた集団肖像画の第一人者といえるでしょう。

ただし、集団肖像画というジャンルそのものは、レンブラントよりも一世代前のハルスによって確立されました。1581年にアントウェルペンで生まれたともされるハルスは、主にハールレム（現在の北ホラント州の州都）で活動し、同地の人々を描いた作品を数多く残しました。代表作は『聖ゲオルギウス市民隊幹部の宴会』であり、『夜警』と同じく、市民が力をつけていた当時の世相を反映した作品です。鮮《あざ》やかな色彩や描かれる人物の生きいきとした姿は、19世紀に活躍したフランスの画家マネといった芸術家にも影響を与えました。

1632年にデルフトで生まれたフェルメールも世界的な画家です。陰影の表現にすぐれ、「光の魔術師」という異名を持ちます。代表作の『真珠の耳飾りの少女』では少女が頭に巻いているターバンが見る人に鮮烈な印象を与えます。フェルメールはこのほかにも、『牛乳を注ぐ女』『手紙を書く女』『青衣の女』といった、市井《しせい》の女性の何気ない日常を描いた作品を残しています。

知れば知るほどおもしろいオランダの偉人❸

光合成を発見者した学者

ヤン・インゲンホウス

Jan Ingenhousz

（1730 ～ 1799）

マリア・テレジアの侍医も務める

ブレダ（現在の北ブラーバント州の都市）で生まれたインゲンホウスは、ベルギーの大学やオランダのライデン大学で医学を修めます。ロンドンで開業医となったあとは、オーストリア＝ハプスブルク家の人々に天然痘《てんねんとう》を予防する種痘《しゅとう》（天然痘にかかった人の膿《うみ》を健康な体に注射して免疫を得る方法）を行い、1772年からはオーストリア大公マリア・テレジアの侍医《じい》も務めました。

インゲンホウスは植物生理学者でもあり、光合成を発見したことで知られています。当時、植物が酸素を放出することはイギリスの化学者であるジョゼフ・プリーストリーによって発見されていました。インゲンホウスはさらに光という条件を加えて実験を重ね、植物が酸素を放出するためには光が必要であること、また、そうした光合成とは別に、植物もほかの生物と同じように呼吸していることを突きとめました。

chapter 4

共和国の終わり

イギリスとの関係が悪化

ここからはオランダの黄金時代が終わりを迎える過程を見ていきます。

かつてオランダとイギリスは手を組んでスペインに対抗するなど友好関係にありましたが、17世紀以降はアンボイナ事件などの影響もあり、両国間には少なからず軋轢が生じていました。

イギリスでは1640年にピューリタン（清教徒）革命が起こると、1649年に共和政が成立します。その際、革命指導者であるクロムウェルの命令によって、ステュアート朝の国王チャールズ1世が処刑されました。このチャールズ1世がオランダ総督ウィレム2世の妻の父であったことから、ウィレム2世はステュアート朝の復興に力を貸そうと考えます。しかし、イギリスを敵視する都市貴族の多くは、この方針に反発しました。

そのウィレム2世が1650年に24歳の若さで病死すると、各州の代表者はハーグに集まって会議を開きます。会議では連邦各州の主権と独立性が再確認され、ホラントと

オランイェ公の継承（17世紀前半～18世紀前半）

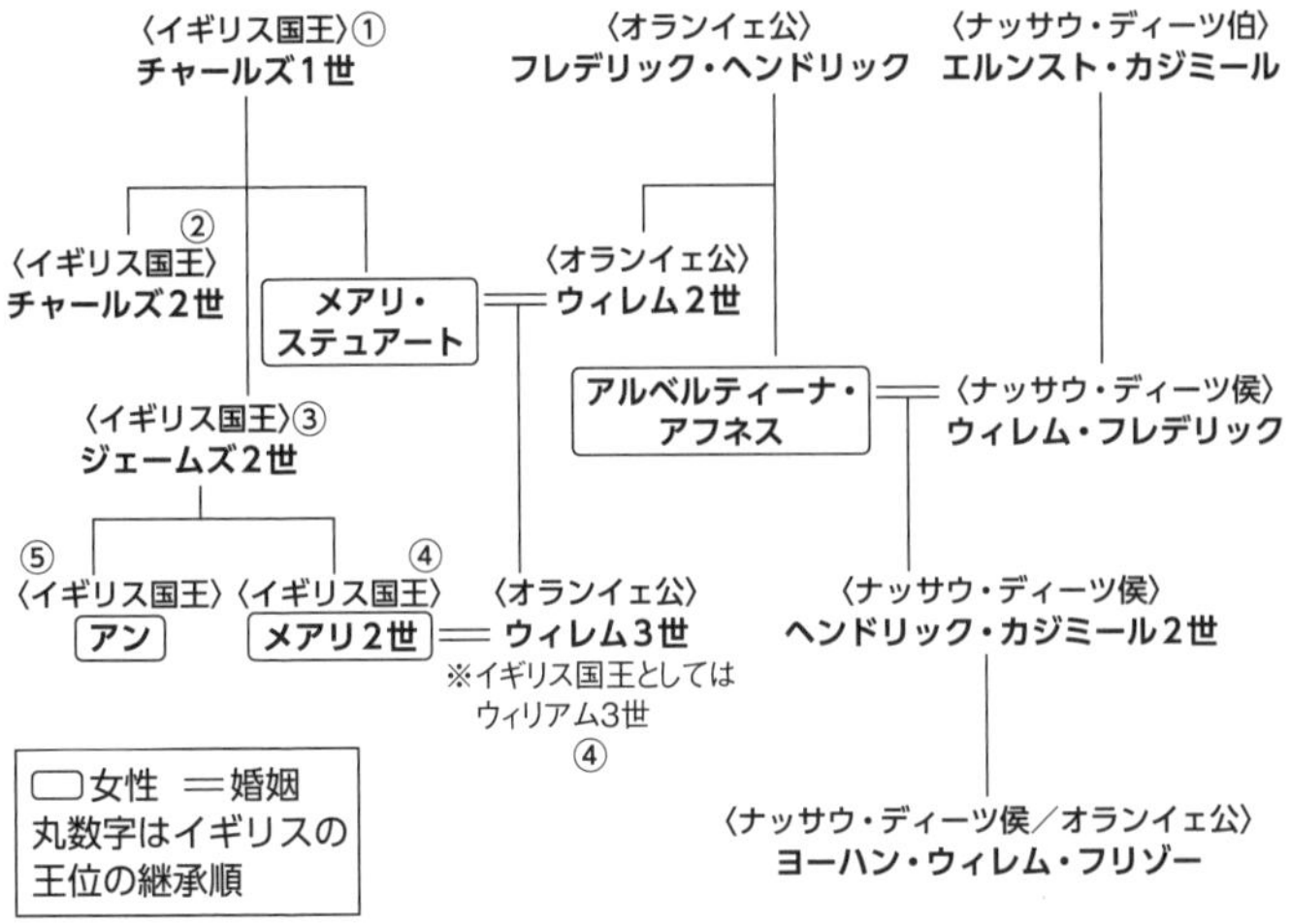

ゼーラントの北部2州以外には州総督を置かないことが決まりました。1672年まで続くことになるこの体制を「第一次無総督時代」といいます。

当時のオランダの各州は、実質的な国王であるオランイェ公を支持するオランイェ派と、完全な共和制を志向する共和派に分かれていましたが、自由貿易を堅持するという点では一致していました。

そんなオランダに大打撃を与えるできごとが1651年に起こります。イギリスでの航海法の制定です。これはイギリスが各地の産物を輸入する際に、イギリスとその植民地、および最初に貨物の積み出しが行われた国の船舶のみ、入港を許可する法律です。端的にいえば中継貿易に携わる船の締め出しであり、オランダをねらい撃ちにする貿易統制でした。

イギリス＝オランダ戦争

1652年、両国の緊張が高まるなかで起こったドーバー海峡での砲撃事件をきっかけに、イギリス＝オランダ戦争（英蘭戦争）が始まります。両国の戦争は19世紀初頭まで六度にわたって行われますが、そのうち第一次〜第三次戦争は二十余年という短い期間のなかで行われました。

第一次英蘭戦争は、開戦前から臨戦態勢を整えていたイギリスの勝利に終わります。講和に際してクロムウェルは、引き続きオランイェ公を総督の座に就けないことを求めました。オランイェ公の復権がイギリスにおけるステュアート朝の復興につながるおそれがあったからです。オランダ国内では連邦議会とホラント州議会の間で意見が分かれましたが、最終的には共和派であるホラント側の主張がとおり、クロムウェルの要求は受け入れられました。

クロムウェルが1658年に死去すると、その2年後に亡命先のフランスからチャールズ2世（チャールズ1世の息子）が帰国し、イギリスの王政が復活します。

同時期、アメリカ大陸ではオランダとイギリスによる植民地の開発競争が過熱しており、イギリスはオランダが北アメリカ東岸に建設していたニューネーデルラント植民地を奪います。その中心地であったニューアムステルダムは、このときにニューヨークと改名されました。世界最大の金融街として知られるウォール街の名称は、ニューアムステルダム時代にイギリスやネイティブ・アメリカンからの攻撃を防ぐ目的で築かれた壁に由来します。

1665年、こうしたアメリカ大陸での戦況を背景に第二次英蘭戦争が始まりました。無総督時代のオランダにあって実質的な最高指導者の座にあったのは、ホラント州の法律顧問を務めていたデ・ウィットです。オランダは第一次英蘭戦争以降、デ・ウィットの方針で海軍を増強していたこともあり今回は勝利を収めます。講和ではイギリスの航海法の適用が緩和されたほか、ニューネーデルラントをイギリス領とする代わりに、南米のギアナ（現在のスリナム）がオランダ領となりました。

なお、この戦争の立役者とも呼べる提督のデ・ロイテルは現在も国民的人気を博しており、２０１５年には伝記映画が公開されています。

建国以来の危機が到来

束の間の休戦期間を経て行われたオランダとイギリスの三度目の戦いは、それ以外にも複数の国が絡んでいました。戦争の中心軸となったのがルイ14世を戴《いただ》くフランスだったことから、仏蘭戦争と呼ばれる場合もあります。

１６６７年、スペイン領ネーデルラント（独立せずスペインの支配下に留まった南部諸州）の領有をねらったフランスが侵攻を開始すると、オランダはイギリス、スウェーデンと同盟を結び、フランスをけん制しました。これにより、スペインとの講和を余儀なくされたルイ14世は、次なる侵攻目標をオランダに定め、イギリスのチャールズ２世と密約を結びます。

１６７２年の３月から４月にかけて、イギリスとフランスが相次いでオランダへの侵攻を開始すると、ドイツのケルンやミュンスターといった司教領の軍も呼応し、オランダはまたたく間に国土の大部分を占領されてしまいます。デ・ウィットは海軍を増強する一方で、陸軍の戦力は据え置いていたため、オランイェ派はその手腕を激しく糾弾しました。失脚《しっきゃく》したデ・ウィットは同年8月、オランイェ派に煽動《せんどう》された民衆に殺害されてしまいます。

建国以来の危機に瀕《ひん》するなか、オランダの命運を託《たく》されたのはウィレム2世の子であるウィレム3世でした。同年7月、総督に就任したウィレム3世は軍を立て直し、1674年にイギリスとの講和にこぎ着けます。一方のフランス軍はユトレヒトまで侵攻しましたが、その後の戦況が膠着《こうちゃく》すると兵を退き、ケルン、ミュンスターの軍も撤退しました。ウィレム3世はフランス軍を追撃する姿勢を見せていましたが、国内には戦争終結を求める声が多く、不本意ながらも1678年に講和しました。

イギリスとの同君連合

当時のフランス陸軍はヨーロッパ最強との呼び声も高く、ウィレム3世はその力を削ぐことがヨーロッパ諸国の勢力均衡を保つ最善の方策だと考えていました。フランスとの戦争ではそのねらいが果たせないまま講和を余儀なくされましたが、好機は再び訪れます。それは、のちのイギリス国王ジェームズ2世の娘であるメアリとの結婚です。

イギリスはプロテスタントを国教としていましたが、チャールズ2世の死去にともなって王位に就いた弟のジェームズ2世は、自身が信仰するカトリックの勢力を復活させようと動き出していました。国王のこの行動に危機感を抱いたイギリス議会はジェームズ2

世の追放を画策し、メアリの夫であるウィレム3世に招請状を送ります。これを受け取ったウィレム3世は大艦隊を率いてイギリスに乗り込みます。時を同じくしてイギリス各地では反乱が起こり、ジェームズ2世はフランスに亡命しました。

1689年2月、ウィレム3世とメアリは共同でイギリスの君主となり（イギリス国王としての名前はウィリアム3世とメアリ2世）、オランダとの同君連合が成立しました。この一連のできごとは血を見ることなく成し遂げられたことから「名誉革命」と呼ばれています。

即位の前年にはフランスへの対抗姿勢で結託した国々とフランスとの間で大同盟戦争（九年戦争、ウィリアム王戦争とも）が起こり、敗れたフランスはウィレム3世をイギリス国王と認めました。これによりフランスの力を削ぐというウィレム3世の目的は果たされたといってよいでしょう。

しかし、同君連合によりオランダの軍備には制限がかけられ、結果としてオランダはイギリスの風下に立つこととなりました。オランダの国益という点では、名誉革命は必ずしも実りのあるものではなかったのです。

二度目の無総督時代

オランダ総督とイギリス国王を兼任していたウィレム3世は、1702年に51歳でこの世を去りました。8年前に先立っていたメアリ2世との間に子どもはおらず、イギリスではメアリ2世の妹であるアンが国王に即位します。こうしてオランダとイギリスの同君連合は解消されました。

ウィレム3世の死によってウィレム1世の直系子孫が途絶えたことで、オランイェ公の肩書きはナッサウ・ディーツ家のヨーハン・ウィレム・フリゾーに引き継がれました。ところが、この継承にプロイセンの君主であったフリードリヒ1世が異を唱えます。フリードリヒ1世も、ウィレム1世の血を引いていた（フレデリックの孫）からです。

この異議申し立てによってヨーハンは、ナッサウ・ディーツ家が代々受け継いできたフリースラントとフローニンゲンの2州の総督就任に留まり、ホラントなどほかの5州には総督が置かれませんでした。こうしてオランダは、再び総督のいない時代（第二次無総督時代）を迎えるのです。

オランイェ公の継承（18世紀前半～19世紀前半）

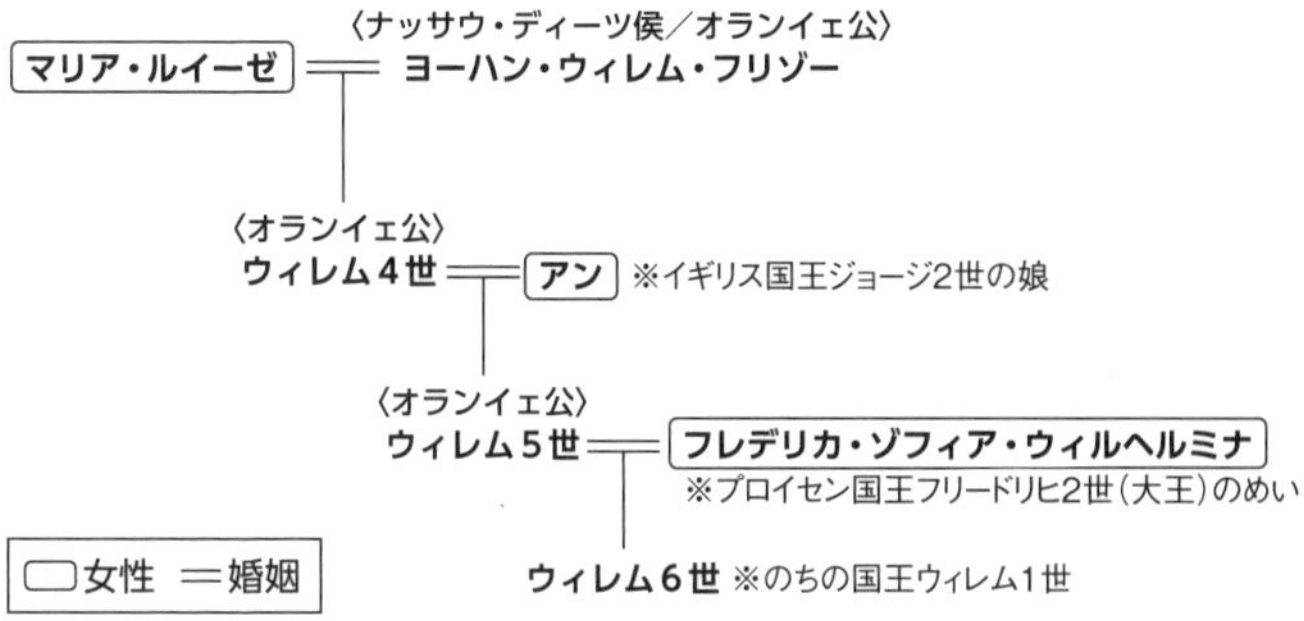

話は前後しますが、ヨーロッパでは1701年からスペイン継承戦争が始まります。その名のとおり、スペインの王位継承問題に端を発する戦争です。

時のスペイン国王カルロス2世は病弱であり、後継ぎに恵まれませんでした。カルロス2世の遺言により新たにスペイン国王として即位したのは、フランス国王ルイ14世の孫にあたるフェリペ5世です。このことは将来的にフランスとスペインが一つの国になる可能性をはらんでおり、ヨーロッパ、あるいはアメリカ大陸でのフランス・スペイン陣営の勢力拡大を危《あや》ぶんだイギリスは、オランダ、オーストリアと同盟を結び、フランスに宣戦布告しました。

戦争の結果、フェリペ5世のスペイン王位は認められましたが、フランス王位の継承権は放棄することとなりました。また、この戦争に付随《ふずい》してアメリカ大陸で行われたアン女王戦争もイギリス優勢で推移し、フランスとスペインは多くの植民地や海外領土を失いました。こうして、かつてオランダが手にしていた海上覇権はイギリスのものとなったのです。

前述したヨーハンのオランイェ公継承問題は、このスペイン継承戦争の最中に起こりました。1711年、ヨーハンはプロイセン側と協議するための移動中、乗っていた渡し船が転覆するという不慮《ふりょ》の事故で命を落とします。

このとき妊娠していた妻のマリアは、ヨーハンの死から7週間後に男子を出産します。男子はウィレムと名づけられ、成長後はウィレム4世として、フリースラントとフローニンゲンにヘルダーラントを加えた3州の総督となります。しかし、ホラント、ゼーラント、ユトレヒト、オーフ

そのころ、日本では？

江戸幕府の第7代将軍・徳川家継《いえつぐ》が1716年に死去すると、次の将軍は御三家のなかから選ばれることになりました。その結果、家康の曾孫《そうそん》にあたる紀州《きしゅう》藩主の吉宗《よしむね》が第8代将軍に就任します。吉宗は、いわゆる享保《きょうほう》の改革を行い、幕府の財政の立て直しを図るのです。

アーアイセルの4州では、各州議会の意向により州総督を置かないことが決まりました。

1702年から続いた第二次無総督時代は、1747年にウィレム4世が全7州の総督になったことで終わりを迎えます。そのきっかけとなったのは、オーストリア継承戦争です。当時のオーストリアは神聖ローマ帝国を構成する大公国の一つであり、男子に恵まれなかった時の皇帝カール6世は、娘であるマリア・テレジアにオーストリア＝ハプスブルク家（60ページ参照）の領土を継がせようとしました。この相続を承認したイギリスやオランダなどの国々と、反対したプロイセン、スペイン、フランスなどの国々の間で起こったのがオーストリア継承戦争です。

フランス軍はオーストリア領ネーデルラント（かつてのスペイン領ネーデルラント。スペイン継承戦争ののちオーストリア＝ハプスブルク家が継承）を制圧し、オランダ南部にも迫りました。この戦争でオランダの国力は消耗し、不安に駆られた市民による暴動も起こります。一般市民は一部の都市貴族による政治に不満を募らせており、その要望に応える形でウィレム4世はオランダ全7州の総督となるのです。

なお、オーストリア継承戦争は1748年に結ばれたアーヘンの和約で終結し、マリア・テレジアはハプスブルク家の領土の相続が認められました。

台頭する愛国派

全州総督の地位は正式に世襲となり、ウィレム4世が1751年に死去したあとは息子のウィレム5世が後継者となりました。しかし、父が死亡した当時はまだ幼く、しばらくは母親のアンが摂政として国政の舵取《かじと》り役を担いました。

成長したウィレム5世は1766年に総督として親政を開始します。国民はその手腕に期待を寄せましたが、ウィレム5世は優柔不断であり、国民の求める新しい政治が実現することはありませんでした。

当時のオランダでは愛国派（パトリオッテン派）と呼ばれる層が台頭していました。彼らは議員などを務める都市貴族とは異なり、政治に対する直接的な発言力を持っていませんでした。先代のウィレム4世の全州総督への就任を望んだのも愛国派でしたが、その主張は時代とともに変化していき、ウィレム5世の治世において愛国派は反オランイェ派であり共和派という立場でした。当時のオランダの世論は大別して、愛国派、総督派（オランイェ派）、都市貴族派の三つに分かれていました。

より多くの人々が政治に関心を抱く風潮《ふうちょう》を後押ししたのは、当時のヨーロッパで広まっていた啓蒙《けいもう》思想です。啓蒙思想ではキリスト教的な価値観や王族の権威を盲信《もうしん》せず、世界を合理的にとらえることを目指します。三権分立を唱えたフランスの思想家のモンテスキュー、同じくフランスの思想家で『社会契約論』を著したルソーらが代表的な論者といえるでしょう。

この2人より半世紀以上前に活躍したイギリスの政治思想家ジョン・ロックは、1683年にオランダに亡命し、執筆活動に勤しんでいました。名誉革命時の1689年にイギリスに帰国しています。

こうした思想家によって啓蒙思想がオランダでも浸透していくと、中産階級や知識層、地方貴族などが新たな政治の担い手として台頭していきました。

望遠鏡と顕微鏡を用いた研究者

啓蒙思想が浸透するとともに、17世紀から18世紀にかけてのヨーロッパでは自然科学の分野でさまざまな発見がなされます。オランダでもライデン大学（72ページ参照）が16世紀後半に設立されて以降、国内各地に大学が建てられ、学問への探求が盛んとなり、歴史にその名を刻む科学者が誕生しています。

代表的な人物として、クリスティアン・ホイヘンスが挙げられます。１６２９年にハーグで生まれたホイヘンスは、ライデン大学で法学と数学を学びました。父と同じ外交官を目指しましたが、その夢が断たれると研究者の道を歩みはじめ、１６６６年にフランスの科学アカデミー（学術機関）に招かれると、そこで天文学や光学などの研究に没頭します。その研究成果は、精度の高い振り子時計の開発、自作の望遠鏡での土

星の衛星の発見など多岐《たき》にわたります。

同時代、イギリスの自然科学者ニュートンが光の正体について「粒子である」と主張したのに対してホイヘンスは「波動である」と主張し、その考えを主著『光論（光についての論考）』にまとめました。交流があったとされる2人の主張はその後も決着はつかず、現代においては「光は粒子と波動の性質を持つ」と考えられています。

天文学に欠かせない望遠鏡は、オランダのミデルブルフ（現在のゼーラント州の州都）の眼鏡職人が1608年に発明したとされています。それを伝え聞いたイタリアの自然科学者ガリレオは望遠鏡を自作し、天文学を大いに発展させました。

また、望遠鏡の発明に先立つ1590年ごろには、オランダの別の眼鏡職人が顕微鏡（複式顕微鏡）を発明したとされています。この顕微鏡を用いて初めて本格的な研究成果を著したのがヤン・スワンメルダムです。1637年にアムステルダムの薬剤師の家に生まれたスワンメルダムはライデン大学で医学を学び、人生の大半を昆虫の研究に捧げ、その身体的な構造などを『昆虫の一般誌（『昆虫学総論』）』にまとめました。ほかにも、人間の血球や精子の細胞を顕微鏡で発見しています。

アントニー・ファン・レーウェンフックも顕微鏡を使って数々の発見を行っています。1632年にデルフトのかご細工師の子として生まれたレーウェンフックは、前述の2人と異なり大学には進学しておらず、市役所で働いていました。そのかたわらで最高約250倍もの倍率の顕微鏡（単式顕微鏡）を発明すると、人間の赤血球、毛細血管をはじめ、単細胞生物やバクテリアなどを発見しました。これらの功績から「微生物学の父」とも呼ばれています。

第四次英蘭戦争

1775年、北米大陸ではイギリスの13の植民地（13植民地）が本国に対して蜂起し、アメリカ独立戦争が始まります。この戦争の最中も、アムステルダムの商人たちは13植民地やフランスに武器や必要物資を輸出していました。イギリスからすればこれらは敵対行為にあたるため、イギリスは1780年にオランダに宣戦布告します。

この四度目となる英蘭戦争の戦場は、主に東南アジアとカリブ海です。主戦力となる海軍力はイギリスが大きく勝っており、オランダは東西のインド会社が築いた貿易拠点や植民地を次々に失います。この戦争は1784年に終結しました。

なお、アメリカ大陸での貿易を主導していたオランダ西インド会社（WIC）は債務《さいむ》超過により1674年に一度解散しており、新たな組織へと生まれ変わっていました。しかし、この第四次英蘭戦争の敗戦により経営が行きづまり、1791年に再び解散しました。以降、所有していた植民地はオランダ本国の直轄となります。

オランダ総督は陸海軍の最高司令官でもあり、戦後はオランダ国内でウィレム5世の責任を問う声が噴出《ふんしゅつ》しました。失脚したウィレム5世は妻の実家であるプロイセンへの亡命も考えましたが、そのプロイセンが後ろ盾となり、オランダへの軍事介入が行われたことでハーグに留まることができました。その翌年の1788年にはイギリス、プロイ

そのころ、日本では？

田沼意次《たぬまおきつぐ》が失脚したのち、老中首座《しゅざ》となった松平定信のもと、1787年に寛政《かんせい》の改革が始まりました。田沼が行った政治とは正反対の緊縮財政を推し進め、学問や風俗をきびしく取り締まった結果、身内からもうとまれるようになり、1793年に老中を辞任し、改革は終わりました。

センとの同盟が成立し、オランダ総督の地位も維持されました。

逆に苦境に立たされたのが、反オランイェの急先鋒《きゅうせんぽう》であった愛国派です。プロイセンによる軍事介入の最中、愛国派の政治団体は弾圧を受け、指導者はフランスなどへ亡命せざるを得ませんでした。

ネーデルラントからバターフに

1789年から1799年にかけてフランス革命が起こります。フランス国王としての地位を失っていたルイ16世が1793年に処刑され、フランスの政体は共和制へと移行しました。王制を敷く周辺国家にとってこの民主化の波は大きな脅威《きょうい》であり、イギリスやオーストリア、スペイン、プロイセンなどは同盟を組んでフランス革命政府に対抗しました。

オランダもこの対仏大同盟に加わり、1793年にフランスとの戦端が開かれます。フランスはまずオーストリア領ネーデルラントを占領すると、オランダとの国境を越えてアムステルダムにも攻め寄せました。

このフランスの攻勢を機に、亡命していた愛国派はオランダに帰国し、各地で臨時代表部を打ち立てます。一方、苦境に立たされたウィレム5世はイギリスに亡命し、ネーデルラント連邦共和国はついに崩壊しました。

その後は愛国派によって全国革命委員会が組織され、フランス政府との間で1795年にハーグ条約が結ばれます。この条約によりオランダ総督は廃止され、国名も「バターフ共和国」と改められました。

バターフという名称はバターフ人（22ページ参照）に由来し、愛国派は自分たちのことをオランダ人（ネーデルラント人）ではなくバターフ人と呼びました。「バターフ」はオランダ語であり、英語では「バタヴィア」となります。したがってVOC（オランダ東インド会社）が貿易の拠点として築いたジャワ島のバタヴィア（106ページ参照）も由来は同じです。

フランスを手本とした国づくり

新しい憲法を決める国民会議が開かれると、新国家は州の集合体ではなく、国民主権の単一国家となることが決まります。連邦議会も解体され、新たに二院制議会が立法の最高府として設置されました。行政を担うのは5人の長官です。これらに加えて、国家と宗教の分離、領主制の廃止、ギルド（独占的な商工業者の組合）の廃止など、革命後のフランスを参考にした国家づくりが推し進められていきました。

先述したように、こうした国家の出現は王制の国々にとって看過できるものではありませんでした。したがって、イギリスは二度にわたりバターフ共和国に宣戦布告します。

１７９５年の第五次英蘭戦争では、イギリスに亡命していたウィレム5世がオランダの植民地をイギリスの保護下に置くことを承認します。この取り決めはイギリスとフランスの講和にともない無効となりましたが、セイロン島（スリランカ）はそのままイギリス領となりました。なお、ＶＯＣはバターフ共和国が成立したのちも存続していましたが、経営悪化により１７９９年に解散します。

その後、英仏両国は１８０３年にも戦争となり、イギリスとバターフ共和国との間でも第六次英蘭戦争が起こります。その結果、バターフ共和国はほぼすべての植民地をイギリスに明け渡すこととなりました。

ナポレオンの弟が国王に

ヨーロッパの争乱は、1人の男の登場でさらに激しさを増していきます。フランス軍人のナポレオンです。ナポレオンは1799年に軍事クーデターを起こし、1804年にはみずから皇帝に即位しました。これにともない、1806年にはフランス革命政府を後ろ盾としていたバターフ共和国が解体され、ナポレオンの弟であるルイを国王とする「ホラント王国」が成立しました。

ルイは新しい国家づくりに並々ならぬ意欲を見せ、ナポレオン法典にもとづく民法と刑法、全国共通の税制、統一通貨のフルデン（英語ではギルダー）など、近代的な諸制度を導入していきました。

文化事業に力を入れていたことも特筆すべき点です。1808年には、ルイの発案で王立科学文学芸術研究所（現在のオランダ王立芸術科学アカデミー）が設立され、この研究所の主導で芸術作品の展示会が定期的に開催されました。王宮内には王立美術館（現在のアムステルダム国立美術館）も設立されており、『夜警』をはじめとするオラン

ヨーロッパの勢力図（1810年代前半）

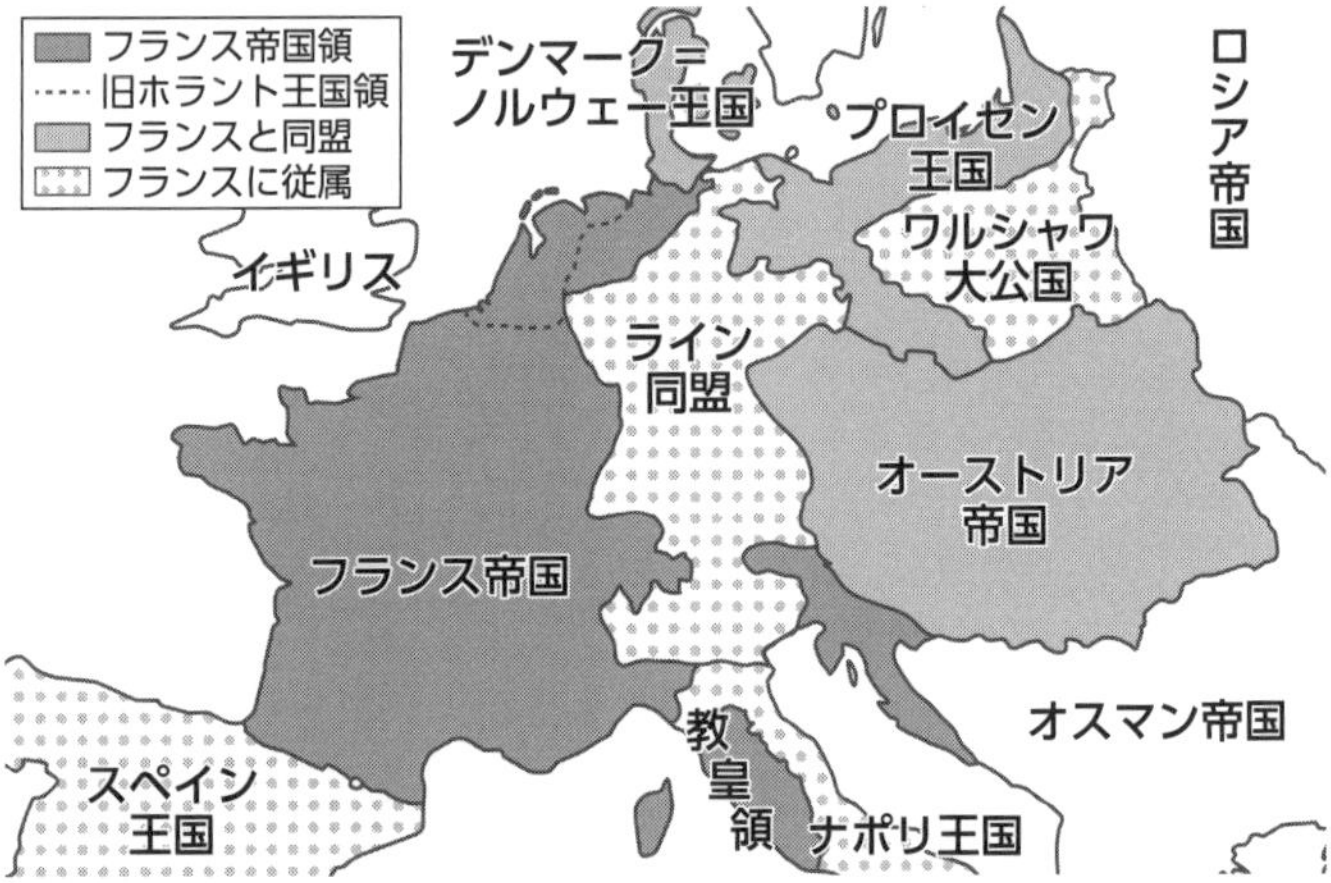

ダの黄金時代を代表する作品の展示は、人々の国家への帰属意識を高めることとなりました。

フランスによる力ずくの併合

ナポレオン率いるフランス軍は陸上では破竹の勢いで勝利を重ね、１８０６年までに西ヨーロッパの大部分を制圧しました。ところが、１８０５年のイギリスとのトラファルガー海戦では手痛い敗北を喫《きっ》しています。

海軍力ではイギリスにおよばないため、ナポレオンはイギリスを経済的に孤立させて国力を低下させようと、１８０６年にべルリン勅令を発します。このいわゆる大陸封鎖令によってヨーロッパ各国はイギリスとの貿易が禁じられましたが、イギリスとホラント王国との間では密貿易が横行し、ナポレオンが期待したような効果は得られませんでした。

1810年、ナポレオンは強大な軍事力を背景に、力ずくでホラント王国を併合します。このことは世界地図からオランダという国が消滅したことを意味しました。宥和《ゆうわ》的な統治を行っていた弟のルイに、ナポレオンが不満を募らせていたことも併合の背景にあったと見られています。

こうしてフランスの一部となったオランダでは、フランス人総督のルブランのもとで、度量衡《どりょうこう》（長さや体積、重さなどの基準）の統一や戸籍制度の整備、教会外での結婚の許可など、近代的な改革が断行されていきました。

知れば知るほどおもしろいオランダの偉人④

ポスト印象派を代表する画家

フィンセント・ファン・ゴッホ

Vincent van Gogh

（1853～1890）

日本の浮世絵にも興味を持つ

ゴッホは1853年にズンデルト（現在の北ブラーバント州の都市）で生まれました。当初は聖職者を目指すも挫折《ざせつ》し、職を転々としたのち画家となります。

32歳でフランスのパリに移り住み、ゴーギャンやベルナールといった画家と交流を持ちました。ゴッホをはじめ、ゴーギャン、セザンヌといった画家は、ポスト印象派に位置づけられています。ゴッホは日本の浮世絵にも多大な関心を寄せ、パリ時代の代表作である『タンギー爺《じい》さん』の背景には浮世絵が描かれています。

1888年にフランス南部に移り、ゴーギャンと共同生活を送ります。そのうち両者の仲は悪化し、やがてゴッホは自身の左耳の一部を切り落とすという騒動を引き起こします。以後、精神科への入退院をくり返しながらも、『ひまわり』『夜のカフェテラス』などの作品を描き上げましたが、拳銃自殺でこの世を去りました。

chapter 5

ネーデルラント王国

「ネーデルラント王国」の誕生

西ヨーロッパを席巻したナポレオンの権勢でしたが、1810年代になると陰りが見えはじめます。きっかけとなったのは1812年のロシア遠征の失敗であり、翌1813年に行われたライプツィヒの戦いでの敗北後は、オランダで独立を求める声がわき上がりました。

オランダの独立運動を主導していたのは、かつて総督派の指導者だったホーヘンドルプをはじめとする3人の都市貴族です。彼らは1813年にオランダとルクセンブルクから成る「ネーデルラント王国」の独立を宣言しました。

ルクセンブルクは、アルデンヌ家のジークフリートが963年に手にした領地がルーツです。その後、アルデンヌ家は枝分かれし、分家の一つであるルクセンブルク家は11世紀ごろにルクセンブルク伯を自称しました。14世紀には神聖ローマ皇帝を送り出し、ルクセンブルク伯はルクセンブルク公に格上げされます。しかし、15世紀以降は衰退し、ブルゴーニュ公、ハプスブルク家の支配を経て、フランス革命戦争後はオランダと同じくフランス領になっていました。

新しいオランダは君主制であり、イギリスに亡命したウィレム5世の子であるウィレム6世が国王として招かれました。ただし、この時点では国際的には国家として認められていませんでした。

1814年に採択された憲法では、国家の主権は国王にあること、その下に8人の大臣を置くこと、議会は二院制とすることなどが規定されました。大臣は国王に対しては責任を負いますが、議会に対しては負いません。したがって、国王は非常に大きな権限を有していました。また、アムステルダムを首都とすることも決まりました。

ナポレオン戦争の終結後の1814年から翌年にかけて、秩序《ちつじょ》の回復を目的とする国際会議（ウィーン会議）が開かれます。当時、ヨーロッパの為政者の大半は王制を敷いており、社会をフランス革命とナポレオン戦争以前の姿にもどすことを志向していました。そのため会議の結果、オランダも立憲君主制国家として認められたうえ、オーストリア領だった南ネーデルラントの併合も認められました。

したがってネーデルラント王国の支配領域は、海外領土を除けば、現在のオランダ、ベルギー、ルクセンブルクに該当する地域になります。さらに、イギリスからは南アフリカのケープとインド洋のセイロン島を除いたかつての植民地が返還されています。

そして1815年、オランイェ公ウィレム6世は、ネーデルラント国王ウィレム1世として正式に即位します。このときをもって、現在のネーデルラント王国（オランダ）という国家とオランダ王室が始まりました。なお、ルクセンブルクはウィレム1世を大公とする大公国となりました。

「商人王」による治世

長きにわたる戦乱でオランダの国力は低下しており、財政再建がウィレム1世の当面の課題でした。まずは1814年にネーデルラント銀行（現在のオランダの中央銀行）を設立し、貨幣の発行を一元化しました。設立にあたって、国王みずから個人名義で多額の出資をしていたそうです。加えて、国民工業基金や投資銀行なども設立されます。商工業の振興に注力したことから、ウィレム1世は「商人王」とも呼ばれています。

この時代に設立された企業には、ココアの代名詞とも呼べるバンホーテンがあります。同社は世界で初めてココアパウダーの製造に成功し、1828年にはウィレム1世から勲章《くんしょう》を授かっています。

経済活動の土台となる交通インフラの近代化も進んでいき、1823年以降はロッテルダムやアムステルダムなどで蒸気船の造船会社が相次いで設立されました。陸上においても、1839年にオランダ初の鉄道がアムステルダムとハールレムの間で開通します。1847年にはアムステルダムとロッテルダム、1856年にはオランダとドイツのライン地方とを結ぶ鉄道も開通し、ヨーロッパ内での人と物の移動を促進しました。

ベルギーの分離独立

一連の線路の敷設《ふせつ》に先駆けて、1835年にはヨーロッパ大陸初の鉄道がベルギーのブリュッセルとメヘレンの間で開通していますが、これはネーデルラント王国の功績とはいえません。なぜなら、当時のベルギーは事実上、すでに独立していたからです。

現在ではベネルクス（ベルギー、ネーデルラント、ルクセンブルク）とまとめて称されることも多い3カ国ですが、摩擦がなかったわけではありません。ネーデルラント王国の発足にともなう南北ネーデルラントの統合は、オランダにとっては200年以上の宿願でしたが、統合当初からほころびが生じていました。

軋轢を生んだ背景の一つとして、宗教・民族・言語の違いがあります。ウィレム1世をはじめ、オランダ人の多くはプロテスタントでしたが、ベルギー人の大半はカトリックでした。加えてベルギーには、オランダ語を日常語とする多数派のフランデレンの人々のほかに、フランス語を日常語とするワロン人も数多く住んでおり、彼らはオラン

ネーデルラント王国の成立と分裂

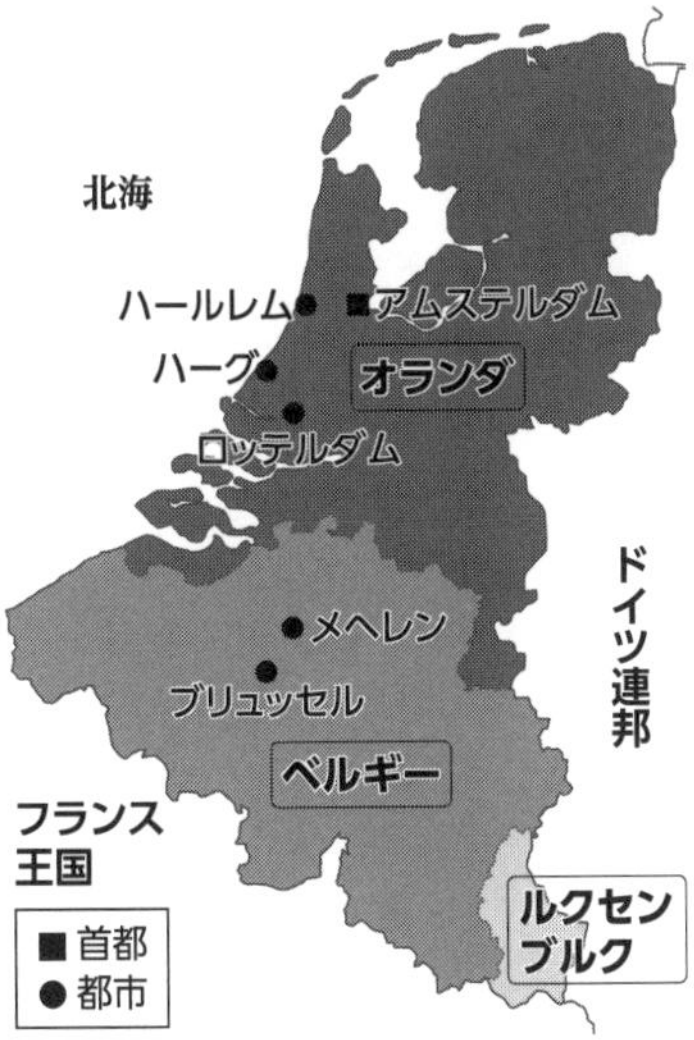

西暦	できごと
1815年	ネーデルラント王国（オランダ）が成立
	ルクセンブルク大公国が成立（同君連合が成立）
1830年	ベルギーがネーデルラント王国から独立
1839年	オランダがベルギーの独立を認める
1890年	ドイツのナッサウ公に連なる人物が君主となり、ルクセンブルク大公国がオランダとの同君連合を解消

ダ語の公用語化などの政策に不満を抱いていました。しかも、フランスの支配下にあった時代に抱えた借金をベルギーと分担して返済しようとしていたことも、ベルギー人の反発を買いました。

折しも1830年には、ウィーン会議によってフランスで復活していたブルボン王朝を市民が打倒する七月革命が起こっており、ベルギーでも独立の気運が高まります。劇場で発生した暴動を機にベルギーは無政府状態となり、暫定《ざんてい》政府は同年10月に独立を宣言しました。これを認め

オランダ王家（19世紀前半～20世紀半ば）

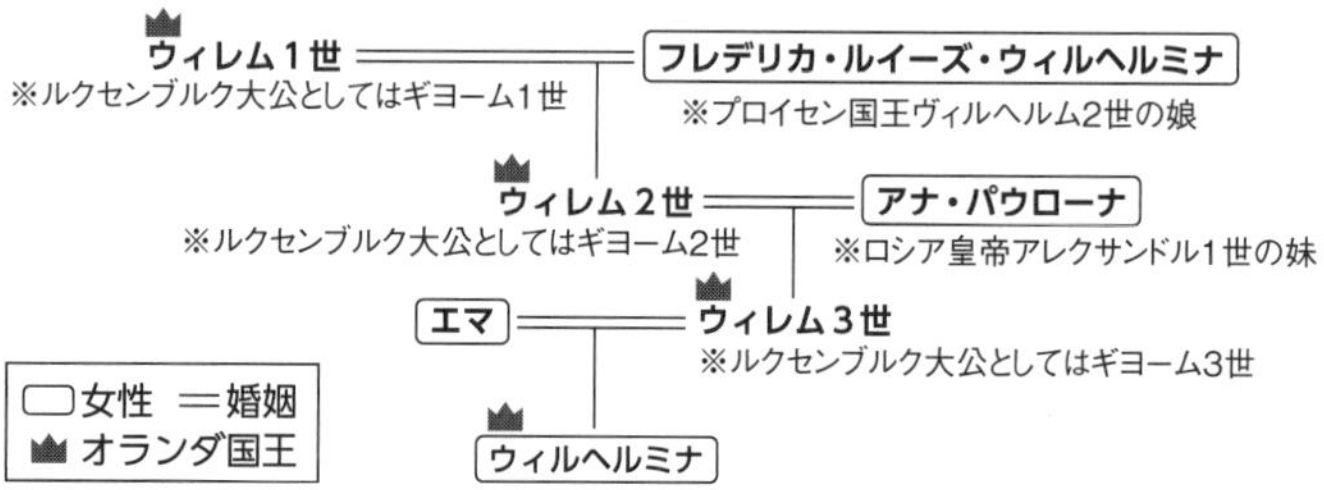

ないオランダはベルギーとの戦争状態に突入しますが、イギリスやフランスをはじめとする列強が即座に調停に乗り出し、1830年から翌31年にかけて開かれたロンドン会議においてベルギーの独立は国際的に承認されました。ベルギー王国の君主として招かれたのはドイツ発祥の貴族で、ザクセン＝コーブルク＝ザールフェルト公の三男のレオポルド1世です。

しかし、ウィレム1世はこれを認めず、1831年8月にベルギーに宣戦布告します。戦いはオランダ軍が優勢でしたが、フランスがベルギー側を速やかに軍事支援したこともあり、オランダ軍は撤退しました。

オランダがベルギーの独立を認めるのは1839年です。ベルギーをはじめ、イギリスやフランスなどと締結したロンドン条約にもとづいてのことでした。その際、ベルギーとの間でルクセンブルク大公国とリンブルフ州をそれぞれ二分したことで、オランダは国土の3分の1を失います。そして国土が半分になったルクセンブルクは引き続き、オランダの君主を大公とする大公国として維持されました。海外領土を除くベネルクス三国の国土はこのときに確定し、現代に至ります。

1840年、ウィレム1世は突如として退位を表明し、子のウィレム2世が新たな王となりました。その後のウィレム1世は、オランダを離れてベルリンで余生を過ごすのですが、再婚相手がカトリックのベルギー貴族だったことは少なからず国民を落胆させました。

なお同年、ホラント州は南北に二分され、ハーグが属する南ホラント州とアムステルダムが属する北ホラント州が成立しています。

政党政治と柱状化社会の到来

国土が再編されるたびに、オランダでは憲法改正の必要性が生じていました。ベルギーが分離した19世紀前半のヨーロッパでは自由主義運動が盛り上がりを見せており、ウィレム2世は国王の権力を制限しかねない憲法改正に反対します。しかし、1848年にフランスで起こった二月革命により王政が倒れたのちは自由主義に理解を示し、憲法改正を認めました。

新しい憲法では、内閣が国王ではなく議会に対して責任を負う責任内閣の原則が導入されます。議会からの信任を得られなかった内閣は辞職するか、議会を解散しなければなりません。つまり、国王が決めた政策であっても、議会の承認を得なければ実行できなくなったのです。

上院（第一院）は州議会から議員を選出する間接選挙で、下院（第二院）では国民による直接選挙が実施されました。解散の対象となるのは第二院のみで、その権限は国王に与えられていました。

ウィレム2世が1849年3月に死去し、その子のウィレム3世の治世になると、国王および内閣は議会としばしば対立し、国王は数度にわたって議会を解散しています。最大の政敵となったのは、先王の時代の憲法改正にも関わった自由主義者のトルベッケです。1850〜1880年代はオランダにおける自由主義勢力の全盛期であり、トルベッケは通算三度にわたって首相を務めました。

自由主義政権は政教分離の原則のもと、公教育の中立化など近代的な諸制度を次々と導入していきましたが、この政教分離の方針にはプロテスタント、とりわけカルヴァン派が反対しました。フランス革命の精神を否定し、キリスト教的社会の復活を目指すというのが彼らの主張であり、保守的な集団ということができます。この運動の指導者である牧師のカイペルは反革命党を率い、1888年にはカトリック勢力との連立政権を樹立させました。

一方、自由主義陣営からもさまざまな政党が生まれ、また、労働組合や社会主義団体も政党を結成して議会に乗り込みました。こうした状況は近代的な政党政治の先駆けといえるでしょう。

当時のオランダの政党は、プロテスタント、カトリック、社会主義、自由主義の4つにグループ分けすることができます。こうした思想や宗教による集団の分化は、教育機関、文化・芸術団体、新聞などのマスメディア、スポーツクラブなどの娯楽施設にも波及し、それぞれ系列化していきました。たとえばカトリックであれば、カトリック系の

柱状化社会（イメージ図）

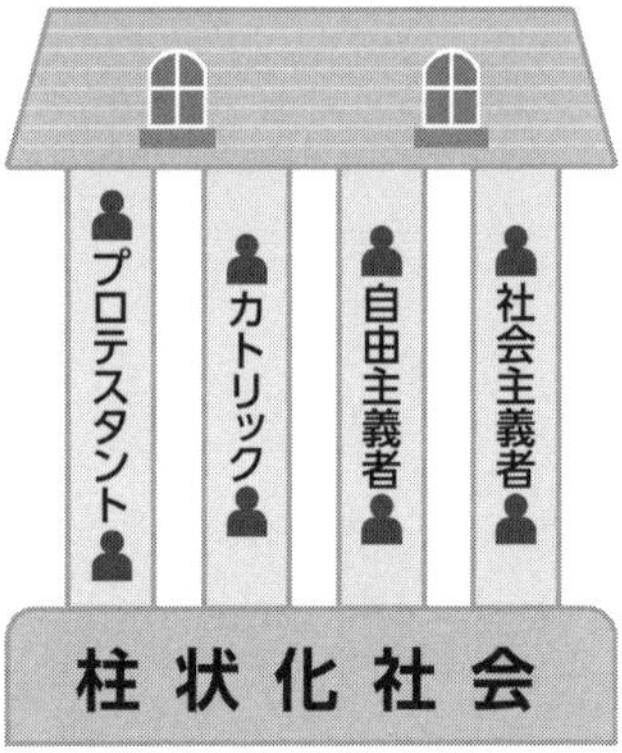

学校に通い、カトリック系の新聞を読み、就職後はカトリック系の労働組合に入るという具合です。

宗教・イデオロギーの異なる集団と交わることは極力避け、摩擦が起こった際には双方の代表者の話し合いで解決が図られました。それぞれの集団があたかも〝柱〟のように国家という〝家〟を支えていることから、こうしたオランダ社会の在り方は「柱状化社会」、あるいは「多極共存型社会」と呼ばれています。

富をもたらした東インド支配

ここからは少し時間をもどし、１８００年以降のオランダの植民地支配を見ていきましょう。

ナポレオン戦争以降、オランダとイギリスは戦争や条約交渉を通じて植民地の争奪戦をくり広げてきました。1824年にロンドン条約（英蘭協定）が結ばれると、ジャワ島、スマトラ島およびその周辺の島々はオランダの植民地に、インド、セイロン島、マレー半島はイギリスの植民地となります。

1799年のVOCの解散後、オランダの植民地は本国直轄となっており、これらの植民地は「オランダ領東インド」と呼ばれ、バタヴィアが本拠地とされました。

加えてオランダは、1873年からスマトラ島北部の独立国であるアチェに軍事侵攻し、1903年までに併合しました。

1830年代以降はベルギーの独立でオランダ本国の経済力が低下しており、それを補うために

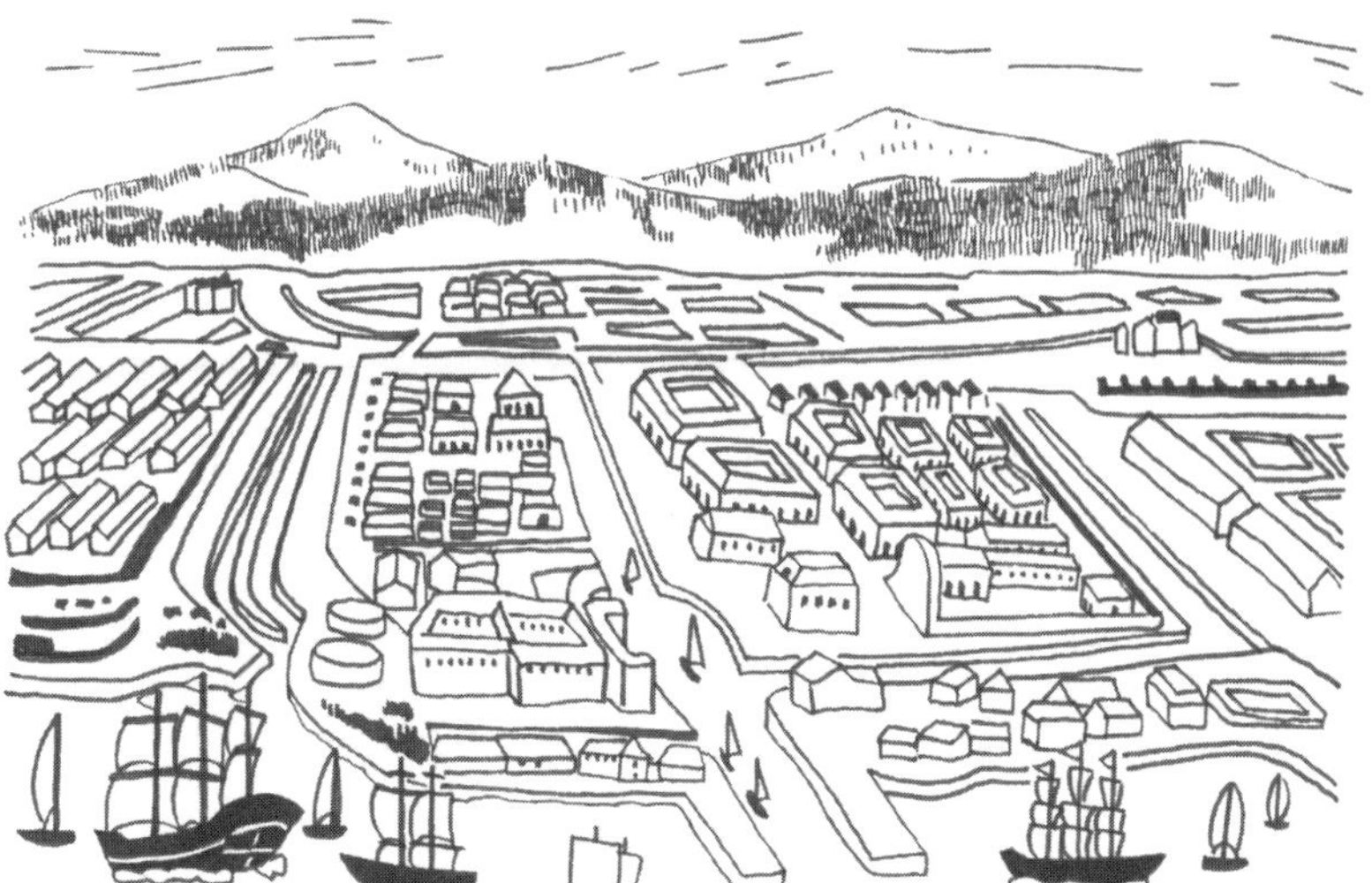

オランダ領東インド

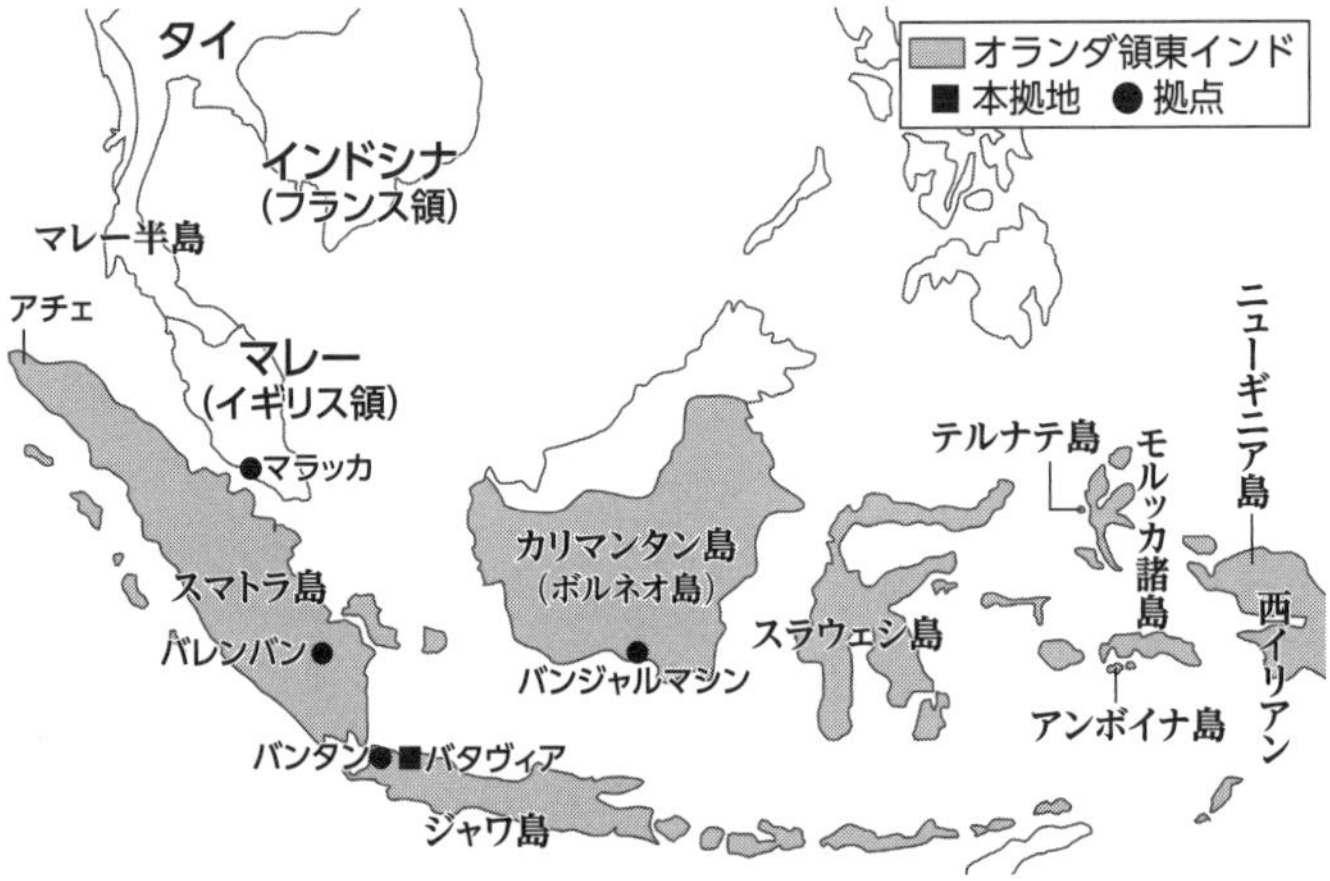

植民地での収奪が強化されました。代表的な政策に政府栽培制度（強制栽培制度）があります。これはコーヒー、サトウキビ、藍《あい》、タバコなど政府が指定した作物を低賃金で栽培させる制度です。

独占的に買い上げられた作物は、ウィレム1世が設立したネーデルラント商事会社を通じて国際市場に卸《おろ》され、オランダ本国に莫大な利益をもたらしました。しかし、その代償として現地の人々の暮らしは大いに疲《ひ》弊《へい》します。奴隷同然の過酷な労働状況はオランダの文学者ムルタトゥーリの小説『マックス・ハーフェラール、もしくはオランダ商事会社のコーヒー競売』によって告発され、オランダの植民地政策は国内外から批判を集めました。

当時は世界的にも奴隷解放が進んでいた時代です。きびしい世論にさらされたオランダは1901年から方針転換し、植民地に学校や医療施設などを建設する倫理政策を導入しました。とはいえこの政策は、先述のアチェ侵攻に対する国際世論の批判をかわすためのものに過ぎないとする指摘もあります。

シーボルトがつないだ縁

フランスによるオランダ併合の話をした際、オランダは地図から消滅したと述べましたが、世界に1カ所だけ、オランダ国旗のはためく場所がありました。長崎の出島です。

1810年当時、オランダの植民地や貿易拠点はイギリスの手に渡っており、この出島だけが世界で唯一、オランダと呼べる場所でした。ただし、本国の併合という状況下にあっては日本へのオランダ船の来航はほとんどなく、収入の途絶えたオランダ商館の職員たちは日本からの援助で糊口《ここう》をしのいでいたそうです。

ネーデルラント王国として独立を回復したのちは、オランダ船が再び来航するようになります。日本と同じく貿易を制限していた中国の清王朝がイギリスとの戦争（アヘン戦争）に敗れると、オランダ国王ウィレム2世は1844年に幕府に開国をうながす書簡を送りますが、幕府は鎖国を続けました。

このウィレム2世の親書を起草したのは、かつてオランダ商館の医師として日本に赴任《ふにん》していたドイツ人医師のシーボルトと見られています。町医者を経てオランダ領東インドの軍医となったシーボルトは、1823年に来日しました。診療所を兼ねた私塾の鳴滝《なるたき》塾では日本の若い蘭学者を指導し、シーボルトも彼らから日本のことを学びました。カピタン（商館長）の江戸参府に随行した際には幕府天文方（暦の作成などを行う役職）の高橋景保《たかはしかげやす》と交流を持ちますが、その景保から重要機密である日本地図の写しを手に入れていたことが発覚し、1829年に国外追放処分が下されました。世にいうシーボルト事件です。

オランダに帰国したシーボルトはホラント州のライデンに住み、日本に関する研究を続けました。当時の住居は博物館（シーボルトハウス）として現存し、2005年には当時のオランダの首相であるバルケネンデと、当時の日本の首相である小泉純一郎による会談の場として使われています。

シーボルトハウスのすぐ側にはライデン大学があり、シーボルトも出入りしていました。ライデン大学は日本との関係が深く、１６７４年には卒業生で医師のライネが、第４代将軍・徳川家綱の病気治療のために来日しました。１８５５年には、シーボルトの助手を務めていたドイツ人のホフマンにより、ヨーロッパ初となる日本学講座が開設されています。さらに幕末期には日本からの留学生も受け入れており、明治期に思想家として名を馳《は》せる西周《にしあまね》、官僚・政治家として活躍する津田真道《つだまみち》らがライデン大学で学んでいます。

これらの歴史的な縁から、１９９０年代にライデン市と長崎市の交流が始まり、２０１７年には姉妹都市となりました。

日本との新たな外交関係

頑《かたく》なに開国を拒んでいた幕府が方針を転換するのは１８５４年です。その前年に黒船を率いて来航したアメリカ東インド艦隊司令長官ペリーの圧力に屈する形で開国に踏み切り、1854年に日米和親条約、1858年に日米修好通商条約を結びました。

同様の条約はヨーロッパの列強との間でも結ばれていきます。オランダとは1856年に日蘭和親条約、1857年に日蘭追加条約、1858年に日蘭修好通商条約が結ばれ、新たな外交関係がスタートしました。

日蘭和親条約ではオランダ人が出島の外に出ることが認められます。1859年にはオランダ商館はオランダ総領事館を兼ね、1866年に出島は外国人居留地となりました。その後は長崎を近代的な港にするための工事も進み、扇《おうぎ》の形をした江戸時代の出島は1904年までに姿を消しました。ちなみに、長崎市は出島復元整備事業を現在も進めており、当時の出島の風景が楽しめるようになっています。

日本がヨーロッパの列強と結んだ修好通商条約には、江戸・大坂（大阪）の開市《かいし》（市場の開放）と新潟・兵庫の開港が盛り込まれていましたが、幕府は時期尚早と判断し、開市と開港の延期を求める使節団をヨーロッパに派遣します。外国奉行の竹内保徳《たけのうちやすのり》を正使とする使節団（文久遣欧使節《ぶんきゅうけんおうしせつ》）は1862年1月に品川を発ち、約1年をかけてフランス、イギリス、オランダ、プロイセンなどを歴訪しました。

このとき、異国の賓客《ひんきゃく》を最も熱烈に歓迎したのは、すでに日本と200年以上の交流があったオランダでした。ウィレム3世との謁見後、使節団にはオランダ王室のライオンの紋章《もんしょう》と徳川家の三《み》つ葉《ば》葵《あおい》が刻まれたメダルが贈られています。

日本での影響力が低下

ペリーの来航以降、日本国内では尊王攘夷《そんのうじょうい》（天皇を尊び、外国を排除する）の思想が広まっていました。その主導的役割を担っていた長州藩（現在の山口県）は、1863年から翌年にかけて起こったアメリカ、イギリス、フランス、オランダとの下関《しものせき》戦争での敗北を機に、国を強くするためにも幕府を倒す方針へと転換します。また、それまで佐幕派であった薩摩《さつま》藩（現在の鹿児島県）も幕府を見限り、政敵であった長州藩と1866年に盟約を結びました。彼ら倒幕勢力の軍事的な後ろ盾となったのはイギリスです。

一方、幕府を支援したのは、オランダではなくフランスです。このときヨーロッパではイギリスとフランスが覇権を争っており、対日貿易でもオランダはイギリスとフランスの後塵《こうじん》を拝《はい》していました。倒幕派諸藩と幕府の争いは英仏の代理戦争ということもでき、オランダはしだいに存在感を失っていきました。開国以降、日本の通詞《つうじ》（通訳）が学ぶ言語もオランダ語から英語にシフトしており、横浜を訪れた福澤諭吉が、自分のオランダ語がまったく通じずショックを受けた逸話もあります。

ただし、幕末期の日本においてオランダが果たした役割は決して小さくありません。幕府は自前の海軍を創設すべく、１８５５年に長崎にて海軍伝習所を設立し、オランダの軍人を教官として招きました。この施設はわずか4年ほどで閉鎖され、江戸の軍艦操練所に機能を移しましたが、勝海舟や榎本武揚《えのもとたけあき》、五代友厚《ごだいともあつ》ら、のちの日本を支える政治家や実業家を輩出しています。

なお、勝を乗せて太平洋を往復した咸臨丸《かんりんまる》や、戊辰《ぼしん》戦争で榎本率いる旧幕府艦隊の主力となった開陽丸《かいようまる》もオランダ製の艦船です。咸臨丸の元の名前は「日本」を意味するヤパン号、開陽丸は「夜明け前」を意味するフォールリヒター号で、どちらも幕府の発注を受けてオランダの造船所で建造されました。咸臨丸は１８７１年に北海道の渡島《おしま》半島に位置するサラキ岬沖で、開陽丸は１８６８年に同じく渡島半島に位置する江差《えさし》沖で、それぞれ座礁《ざしょう》により沈没したとされています。

日本の近代化に貢献したオランダ人

1867年、15代将軍・徳川慶喜の大政奉還により江戸幕府が消滅し、その翌年に明治政府が誕生します。殖産興業を方針とする明治政府は、制度やインフラの整備・拡充などを目的に、欧米から各分野の専門家を招きました。いわゆるお雇《やと》い外国人です。

その大多数はイギリス、フランス、アメリカ、ドイツの出身者でしたが、海や河川など水辺のインフラ設置に関してはオランダ人が重用されました。国土に海抜0メートル以下の低湿地が多いオランダは、干拓や港湾・水路の整備、灌漑《かんがい》などに関してヨーロッパでも最高水準の技術を有していたからです。河川を活用した水上輸送は日本の殖産興業の土台となるものであり、明治政府はその工事をオランダ人に託したのです。

オランダ人初のお雇い外国人として1872年に来日した土木技師のファン・ドールンは、福島県の安積《あさか》（郡山《こおりやま》市）の疏水《そすい》（水源から水を引くための水路）工事、宮城県の野蒜《のびる》（東松山市）の築港などを指揮しました。日本における近代土木の礎を築いた人物であり、安積疏水の十六橋《じゅうろっきょう》水門の近くにはファン・ドールンの銅像が立っています。

野蒜港に加え、福井県の三国《みくに》港、熊本県の三角西《みすみにし》港の築港は、今日では「明治の三大築港」と呼ばれ、残る2港の建造を主導したのも、やはりオランダ人技師です。三国港はエッセルが工事計画の立案や設計などを担い、その退任後はデ・レーケが工事の陣頭指揮を執りました。デ・レーケは30年にわたって日本に滞在し、淀《よど》川の改修や大阪港の築港なども指揮しました。専門分野は砂防であり、その知識・技術を体系化して日本に伝えたデ・レーケは「日本砂防の父」とも呼ばれています。

有明海に面した三角西港はムルデルの築港です。築港当時の姿を伝える、数少ない明治期の港であり、2015年には世界文化遺産に登録されました。ほかにもムルデルは、利根川と江戸川をつなぐ千葉県の利根運河の工事を指揮したことでも知られています。

こうしたお雇い外国人の招聘《しょうへい》と並行して、明治政府首脳のヨーロッパ視察も行われました。公家出身の岩倉具視《いわくらともみ》を特命全権大使とする1871〜1873年の使節団は、アメリカ、イギリス、フランス、ベルギーに続いてオランダも訪問し、ハーグ、ロッテルダム、ライデン、アムステルダムなどを歴訪しました。ハーグでは国王ウィレム3世に謁見しています。

ところで、1914年に開業した東京駅は赤レンガづくりの外観が1889年開業のアムステルダム中央駅と似ており、一時は模倣《もほう》したともいわれていました。しかし、その後の研究でこの説は否定されています。東京駅のデザインは、ドイツ人のお雇い外国人であるルムシュッテルとバルツァーの案を日本人建築家の辰野《たつの》金吾《きんご》が引き継いだものであり、オランダが関係しているという事実はありません。ただし、これらのことが縁となって両駅は2006年に姉妹駅協定を結んでいます。

女王ウィルヘルミナの治世

話をオランダ国内にもどします。

20世紀は一貫して女性が王座に就きます。この国における最初の女王は、ウィレム3世の娘であるウィルヘルミナです（154ページの図を参照）。3人の兄はいずれも父より先に死去しており、末子のウィルヘルミナは父親の没年にあたる1890年にわずか10歳で即位しました。とはいえ、ウィルヘルミナが成長するまでは母親である王太后のエマが摂政として政治を行い、女王の親政が始まるのは1898年からです。

当時のオランダの政治課題の一つに、選挙制度の見直しがあります。第二院では単純小選挙区制度が導入されていましたが、1913年の総選挙で首相の座に就いたコルト・ファン・デル・リンデンは、有権者が自身の信念にそぐわない政党への投票を強《し》いられる小選挙区制は人々の政治参加の意欲を失わせると考えていました。加えて、当時は選挙権を有するのは男子のみで、収入による制限も設けられていました。普通選挙を求める自由主義・社会主義陣営と、制限選挙の維持を主張する宗派勢力の対立は根強く、当時の政治には閉塞《へいそく》感が生じていました。

コルト・ファン・デル・リンデン内閣のもと、1917年に行われた選挙法の改正ではこれらの問題を一挙に解決すべく、普通選挙と比例代表制が導入されます。これにより選挙権は25歳以上のすべての男性に与えられ、さらに1919年には女性参政権も認められました。

新しい制度のもとで実施された1918年の選挙では、比例代表制の成果が如実に現れます。じつに17の政党が第二院での議席を獲得したのです。既存政党では宗派勢力が議席を伸ばし、なかでもカトリック勢力は全100議席のうち30議席を獲得しました。

そして皮肉にも、コルト・ファン・デル・リンデンの自由主義陣営は改選前の40議席を15議席に減らす大敗を喫してしまうのです。

選挙後にはローマ・カトリック国家党のライス・デ・ベーレンブラウクが首相の座に就き、プロテスタント勢力との連立政権が誕生しました。カトリックの首相が誕生するのはオランダ史上初めてのことです。比例代表制においては確固たる支持基盤と組織を持つ政党が議席を伸ばしやすく、19世紀末に優勢だった自由主義陣営に代わって、20世紀は宗派勢力と社会主義勢力が政治の中心となります。比例代表制では特定の政党が単独で議席の過半数を獲得することは非常に困難であり、つねに連立政権となるのがオランダの議会政治の特徴です。首相は第一党から選ばれるのが普通ですが、場合によっては第二党以下の政党の党首が首相となることもありました。

また、オランダでは19世紀後半から、キリスト教系の私学校に補助金を与えるべきか否《いな》かで論争が続いていましたが、一連の選挙制度の改正はこの問題を解決させるためのものでもありました。反対の姿勢をくずさない自由主義陣営に対し、普通選挙を導入する条件として補助金の給付を認めさせたのです。こうして1917年に宗教系の私学校も補助金の対象となることが決まり、そのことは同年に改正された憲法にも明記されました。これはオランダ社会における〝柱〟の存在を国が認めたことを意味し、以降、柱状化社会がいっそう進展していくこととなります。

経済面での変化としては、機械工業の急速な進展が挙げられます。19世紀中盤にもなるとイギリスで起こった産業革命の波がヨーロッパ大陸中に広がっており、オランダでもさまざまな分野で技術革新が起こりました。1864年に創業の世界的ビールメーカーのハイネケン、1891年の創業で蓄音機や真空管式ラジオの製造などで成長し、現在では電気シェーバーの世界的なメーカーとして知られるフィリップスなどは、この時期にオランダで創設されました。また、先述したようにオランダ初の鉄道が敷かれたのは1839年ですが、全国規模の鉄道網が完成するのは1885年です。

大戦でも中立の立場を堅持

産業革命は各国に経済成長をもたらすと同時に、生産過剰という状況も生み出しました。製品の輸出先となる海外市場、すなわち植民地の開発競争はいっそう激化し、列強は鋭《するど》く対立するようになります。

プロイセンを盟主として1871年に成立したドイツ帝国は、1882年にオーストリア＝ハンガリー帝国、イタリアと三国同盟を結びます。この動きに対し、フランス、ロシア、イギリスもたがいに同盟を結び、1907年までにいわゆる三国協商が成立しました。

二つの陣営の対立による緊張が高まるなか、1914年6月28日、オーストリア＝ハンガリー帝国の皇太子とその妻が、滞在中のサラエボでセルビア人青年に暗殺される事件が起こります。これを受けてオーストリア＝ハンガリー帝国はセルビアに宣戦布告し、ロシア、ドイツ、イギリスといった列強もそれぞれの同盟にもとづき、相次いで参戦しました。こうして始まったのが第一次世界大戦です。

18世紀以前のオランダは、イギリスやフランスなど列強の綱引きに巻き込まれることも少なくなく、ネーデルラント王国の発足後は中立を基本的な外交方針としてきました。したがって今回の大戦でもオランダは中立を宣言しています。

とはいえ、中立を保つためには相応の防備が必要であり、オランダは1880年から

1914年にかけて、のちにユネスコの世界文化遺産に登録される「アムステルダムの防塞線《ぼうさいせん》」を築きました。これはアムステルダムを囲むように築かれた42の要塞群で、有事の際には要塞群の外側を冠水させることで都市を守ります。しかし、その建造中にヨーロッパでは航空機が実戦投入され、第一次世界大戦では戦車も登場します。騎兵や歩兵の侵入を防ぐためのものであったこの防塞線はすでに時代遅れになっており、実際に使用されることはありませんでした。

第一次世界大戦は1918年にドイツが降伏して終結しました。中立を宣言していたオランダが直接的な被害を受けることはありませんでしたが、隣国のベルギーが戦場となっており、オランダも経済的なダメージは少なからず受けました。

第一次世界大戦の反省を踏まえ、1920年には国際平和の実現を目的とする国際連盟が発足します。オランダは発足当初から加盟していた原加盟国の一つであり、1922年からはハーグに置かれた国際連盟の司法機関である常設国際司法裁判所が活動を開始しました。これは同地にて、国際平和会議が過去二度にわたって開催されたことが背景となっています。

１８９９年に開催された第１回会議にはヨーロッパの国々のほか、日本や清も含む26カ国が参加しました。戦時中の捕虜のあつかいなどを定めたハーグ陸戦条約や、平和裏《へいわり》に紛争の解決を目指す国際紛争平和的処理条約などが結ばれます。続く１９０７年の第２回会議には44カ国が参加し、開戦宣言を含む最後通牒《つうちょう》を行うことなどが戦争を行う際のルールとして定められました。

　オランダの内政に目を移すと、第一次世界大戦中の１９１６年にザイデル海で発生した大洪水への対策が差し迫った課題となっており、政府は１９２０年からその干拓工事に着手しました。ザイデル海はワッデン海へとつながる湾で

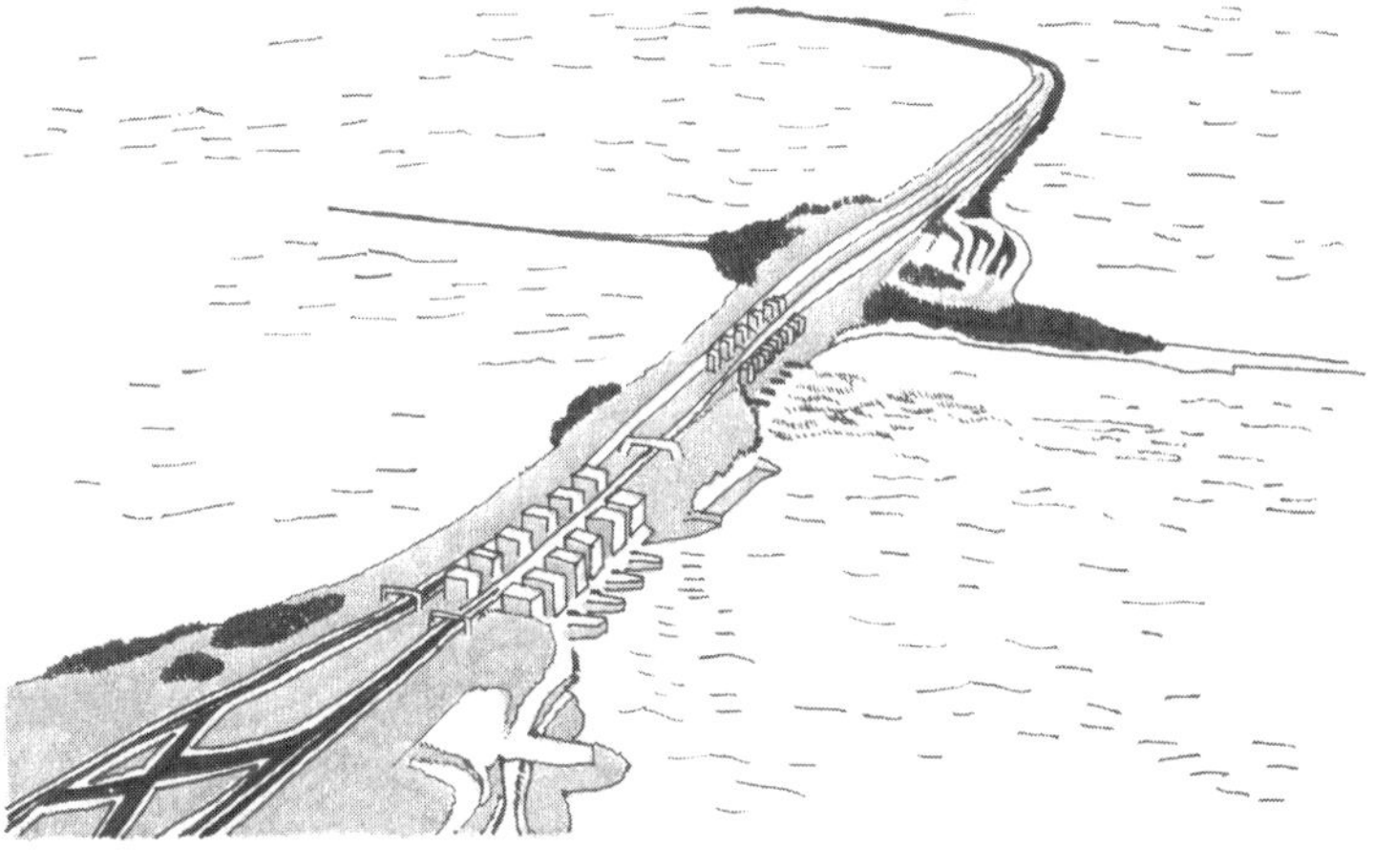

20世紀に築かれた大堤防

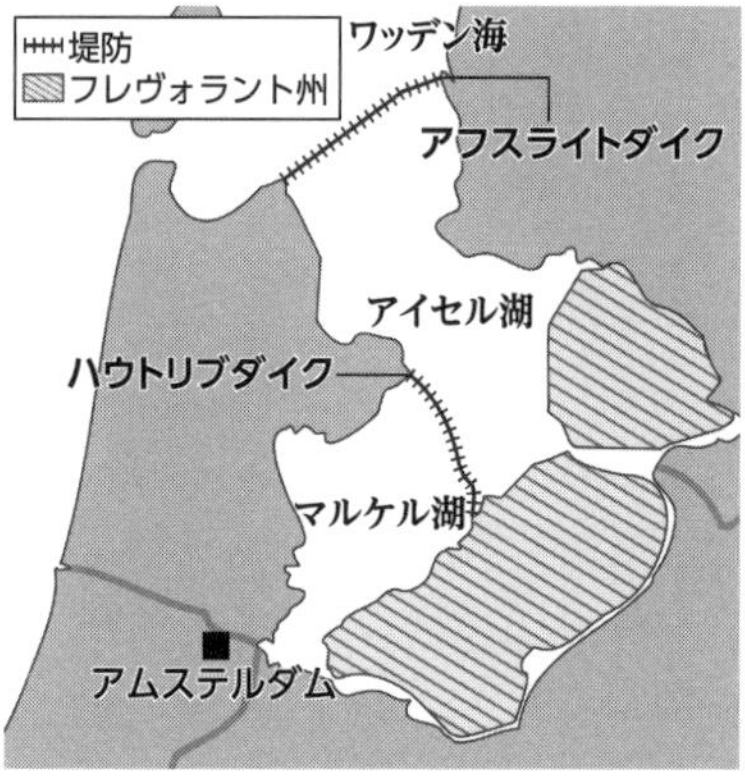

したが、その出入り口を「アフスライトダイク」（締め切り大堤防）と呼ばれる巨大な堤防でふさいだうえで、湾内に食糧増産のための干拓地をつくるというのが、この事業の全容です。

工事は12年の歳月をかけて行われ、全長32キロメートル、幅90メートルのアフスライトダイクに締め切られたザイデル海はアイセル湖となり、湖内には新たに約２００平方キロメートルの干拓地も造成されました。

さらに１９７５年には「ハウトリブダイク」という堤防も築かれます。その南側が干拓地となる予定でしたが、環境問題などを考慮して工事は中止されました。現在、ハウトリブダイクの南側はマルケル湖となっています。

これら20世紀に推し進められたザイデル海の開発にともない造成された干拓地などをもとに、１９８６年には12番目の州となるフレヴォラント州が成立しています。

制度の移行が遅れ長引く不況

1928年の7月から8月にかけて、オランダ初となるオリンピックがアムステルダムで開かれました。大戦後に訪れた平和を人々は謳歌《おうか》していましたが、そのわずか1年後、世界に再び暗雲が垂れ込めます。1929年10月24日のニューヨーク株式市場の大暴落を端緒《たんしょ》とする世界恐慌が起こったのです。

未曾有《みぞう》の大不況に対し、イギリスやフランスは貿易相手国を制限するブロック経済を導入しました。金の備蓄が十分なフランスは通貨ブロックを取り入れ、金本位制度の堅持を表明したオランダ、ベルギー、イタリア、ポーランド、スイスなどと、金ブロック(フランスが中心だったためフランブロックとも呼ばれる)を形成しました。

金を通貨の価値基準とする金本位制度は、有事の際には管理通貨制度に切り替わるのが一般的です。金と交換可能な兌換《だかん》紙幣の海外への流出は、国内の金の備蓄が減ることを意味しており、インフレなどの抑制が困難になるからです。しかし、管理通貨制度は金本位制度にくらべて通貨の為替レートが安定しないというデメリットもあります。フランスを盟主とする金ブロックのグループはあくまで金本位制度を維持し、グループ内の結束を強めることで金の流出を食い止めようとしました。

ただし、この政策は失敗に終わります。オランダはともかく、フランスは農業国であり、ベルギーは大戦の戦場になったことで国内の製造業が低迷していました。各国とも工業製品はブロック外の国から輸入せざるを得ず、金の流出に歯止めがかからなかったのです。加盟していた国が次々とグループを離脱するなか、オランダは最後まで金本位制度を維持していましたが、結局は管理通貨制度への移行を余儀なくされました。切り替えが遅れた分だけ、不況も長引くこととなったのです。

悪化する日本との関係

この時期は世界各国がそれぞれのやり方で恐慌からの脱却を目指していましたが、経済基盤の脆弱《ぜいじゃく》な国は、植民地を拡大させることで不況を乗り切ろうとしました。日本の関東軍が1931年に引き起こした満洲事変もその一環です。占領した中国大陸東北部の満洲に傀儡《かいらい》国家を築いた日本はさらなる膨張《ぼうちょう》政策を取り、1937年の日中戦争、その後の南進政策へと突き進んでいきました。

当初、アメリカは孤立主義を表明し、アメリカの利害と無関係の紛争については静観する構えを見せていました。ところが、1933年に大統領となったローズヴェルトはその姿勢を改めます。1940年と1941年に日本軍がフランス領インドシナ（現在のベトナム、ラオス、カンボジア）に進駐《しんちゅう》します。この日本の動きなどに対して、アメリカは日本への石油輸出の禁止を決定し、これにイギリスとオランダ（オランダ領東インド）も同調します。すると日本の軍部は、交戦中だった中国（中華民国）も加えた4カ国（America・Britain・China・Dotch）の頭文字を取って「ABCD包囲網」と呼称し、これらの国から不当なあつかいを受けていると国民にうったえます。なぜDutch（ダッチ）かというと、英語ではオランダ人やオランダ語のことをそう呼ぶからです。

じつは、それより前の1940年時点では日本とオランダは敵対関係にありませんでした。日中戦争の前後から日本は石油などをオランダから輸入しており、アメリカからの石油の輸入が見込めなくなると、日蘭会商という交渉の場を設け、石油を含めた天然資源の輸出量を増やすようオランダに求めていました。その交渉の最中、日本がドイツ、イタリアとともに日独伊三国同盟を結んだニュースが世界を駆けめぐります。ドイツに本国を占領されていたオランダ側はこの一報に衝撃を受け、交渉は暗礁《あんしょう》に乗り上げたまま、1941年6月に打ち切られました。

それから約半年後の12月8日、太平洋戦争が勃発すると、連合国陣営だったオランダは日本に宣戦布告し、両国は交戦状態に入りました。ちなみに、日蘭会議が決裂していた場合、日本はオランダ領東インドに攻め込むという選択肢を用意していたことがわかっています。

ドイツの占領から解放へ

話をヨーロッパにもどします。第一次世界大戦末期に起こった革命により、ドイツは帝政から共和政(ヴァイマール共和政)へと移行しました。新政府は講和条約(ヴェルサイユ条約)を結び、新たな国づくりをスタートさせますが、不況に加え、国家予算をはるかに超える額の賠償金《ばいしょうきん》が重くのしかかります。そのような状況下で、幅広い層の国民から支持を集めたのが、ヒトラー率いる国民社会主義ドイツ労働者党、通称ナチス

（ナチ党）です。

1933年に政権の座に就いたヒトラーは翌年、みずから大統領と首相を兼ねる総統の地位に就きました。独裁国家となったナチス・ドイツはヴェルサイユ条約における軍事制限条項を破棄し、ヨーロッパは再び緊張に包まれます。

第二次世界大戦は1939年9月1日、ドイツ軍のポーランド侵攻をきっかけに始まりました。今回はアメリカ・イギリス・ソビエト連邦（ソ連）・中国（中華民国）などを中心とする連合国陣営と、ドイツ・イタリア・日本などを中心とする枢軸国陣営の戦いです。

オランダは今回の大戦でも中立を表明しました。第一次世界大戦の休戦条約が結ばれる直前にはドイツ皇帝ヴィルヘルム2世がオランダに亡命するなど、オランダとドイツは敵対関係にありませんでしたが、1940年5月10日、ドイツ軍は宣戦布告することなくオランダへの侵攻を開始しました。強敵であるフランスに侵攻するためには、その途上にあるオランダの攻略が必要だったのです。

14日にはロッテルダムへの空爆が行われ、ドイツ軍は17日までにオランダを完全に制圧します。女王ウィルヘルミナをはじめとする政府首脳は13日の時点で国外に脱出しており、以降は亡命先のロンドンからレジスタンス運動を指揮することとなりました。

1941年からはアメリカも連合国陣営としてこの大戦に加わります。そのアメリカやオランダも加わった1944年6月のノルマンディー上陸作戦が成功すると、戦況は連合国陣営の優位に傾いていきます。ドイツ国内に向けて進軍する際にはオランダ国内を網目のように走る河川が障害となったことから、連合国軍は同年9月からパラシュート部隊で5つの橋を抑えるマーケット作戦とガーデン作戦を実行に移しました。ところが、4つの橋は占領したものの、最前線のアーネム（現在のヘルダーラント州の州都）の鉄橋の占領には失敗し、連合国軍の進撃をにぶらせました。

上陸地のノルマンディーに代わる拠点を築けず、連合軍の補給線は依然《いぜん》として伸びたままでしたが、同年10月から11月にかけてオランダのスヘルデ川河口の激戦においてドイツ軍の撃退に成功します。その後はベルギーのアントウェルペンの港を確保し、連合国軍の進撃は再び加速しました。なお、マーケット・ガーデン作戦は『遠すぎた橋』というタイトルで1977年に、スヘルデの戦いはそのまま『スヘルデの戦い』というタイトルで2020年に映画化されています。

追いつめられたドイツ軍は1945年5月5日に降伏し（ドイツ政府は5月7日に無条件降伏）、オランダは解放されました。現在のオランダで5月5日は解放記念日として祝日になっていますが、休日になるのは5年に一度です。

数奇な縁で結ばれた2人

ドイツの軍政下にあったオランダでは、親ナチス以外の政治団体の活動が禁止され、ナチスに批判的な人物の逮捕なども頻発《ひんぱつ》しました。オランダにユダヤ人の移民が多いことは88～89ページで述べましたが、20世紀前半のオランダには約14万人のユダヤ人が住んでおり、彼らへの迫害が発生しました。すなわち、ホロコースト（ユダヤ人に対する大虐殺）です。

その犠牲者の1人であるアンネ・フランクは、もともとドイツのフランクフルトで暮らしていましたが、ナチスによるユダヤ人への迫害がドイツ国内で始まると、家族とともにアムステルダムへ移り住んでいました。しかし、オランダでも迫害が行われるようになり、1942年7月5日にはドイツでの労働を命じる呼び出し状が姉のマルゴー宛てに届きます。これが意味するのは強制収容所への移送であり、一家はプリンセン運河沿いの隠れ家に身を潜《ひそ》めました。

ところが、一家は2年後に発見され、アンネはドイツの強制収容所で15年の生涯を閉じました。アンネ一家が暮らしていた隠れ家は、現在はアンネ・フランク財団が管理する博物館になっています。

ホロコーストを主導したのはナチス・ドイツですが、占領当局が指示したことを実行に移したのはオランダ人の政府職員です。戦後、収容所から生還したユダヤ人への対応が冷淡《れいたん》であったことへのオランダ政府の謝罪はありましたが、戦時中のホロコーストに加担したことに対する謝罪はありませんでした。しかし、アウシュヴィッツ強制収容所の解放から75年が経った2020年1月、首相のリュテ（ルッテ）は戦時中のオランダ政府の過ちを認め、公式に謝罪しました。ユダヤ人のコミュニティーはこの謝罪に対し、概《おおむ》ね好意的な反応を示しています。

ところで、このアンネ・フランクと奇妙な縁で結ばれていた俳優がいます。大女優のオードリー・ヘプバーンです。アンネとオードリーは1929年生まれの同い年で、2人は同時期にオランダに住んでいたのです。

オードリーはベルギー生まれのイギリス国籍ですが、母親はオランダ貴族の家系でした。第二次世界大戦が勃発すると、戦火から逃れるため、母親はオードリーを連れて中立国のオランダに避難しました。ナチス・ドイツによる占領後は、オードリーはバレエの非合法公演でレジスタンス組織の活動資金を稼《かせ》いでいたそうです。

生きて解放の日を迎えることができたオードリーは、戦後の映画界を代表する名優へと成長していきます。1957年には映画『アンネの日記』（1959年公開）でアンネ役を打診されましたが、自分と同じような境遇を生き、命を落としたアンネを演じることはオードリーにとってあまりにつらく、オファーを固辞しました。

晩年のオードリーはユニセフ親善大使を務めるなど慈善活動にも取り組み、1990年には『アンネの日記』のチャリティー朗読コンサートを開催しています。終戦から45年目にしてようやくアンネを演じられるようになったのです。

ひみつコラム

オランダのスポーツ

国民全員がマイシューズを持っている⁉

オランダのスポーツといえば、サッカーを思い浮かべる人が多いでしょう。過去にワールドカップで三度の準優勝の実績を持つオランダ代表は、国内外に数多くのファンがいますが、オランダではそれ以外にもさまざまな競技が国民の人気を集めています。

オランダの国土には河川や運河が網目のように走っており、古くから人々は凍った水面でスケート遊びを楽しんでいました。そこからいかに速くすべるかを競うようになり、競技としてのスピードスケートが生まれました。現代でも、オランダ国民全員が自分のスケートシューズを持っているともいわれるほど、スピードスケートは盛んです。２０２２年の北京オリンピックでは、オランダ勢は６つの金メダルを含む計12個ものメダルをこの競技で獲得しました。

自転車競技も人気があります。２０１３年の時点でオランダ国民１人あたりの自転車

保有台数は世界で一番多い1・25台（2017年の自転車産業振興協会の資料による）であり、街中では車道や歩道とは別に、自転車専用道路が整備されています。2021年の東京オリンピックの自転車競技で獲得したメダルの総数は、イギリスと並んで世界トップでした。

オランダ人の平均身長は男女とも世界で一番高く（2021年のオランダ統計局の調査報告による）、格闘技でも強豪国の地位にあります。1964年の東京オリンピックの柔道無差別級を制したアントン・ヘーシンク、1990～2000年代に活躍したK-1選手のピーター・アーツやアーネスト・ホーストはいずれもオランダ人です。

知れば知るほどおもしろいオランダの偉人❺

「女スパイ」の代名詞

マタ・ハリ

Mata Hari

（1876～1917）

ダンサーの裏で諜報活動を行う

1914年から始まる第一次世界大戦でオランダが戦地となることはありませんでしたが、戦火のなかで暗躍したオランダ人女性がいました。マタ・ハリです。

本名はマルガレータ・ゲールトライダ・ゼレといい、1876年にフリースラント州のレーワルデンで生まれました。オランダ人将校と結婚してオランダ領東インドに移り住み、2人の子どもにも恵まれましたが、のちに離婚するとパリへ移り、生計を立てるためにダンサーとなりました。マタ・ハリは芸名であり、マレー語で「日の光」を意味します。

その美貌《びぼう》で一躍《いちやく》人気となったマタ・ハリは各国の政府関係者や軍関係者と関係を持つようになると、ドイツにスパイとして雇われ、その一方でフランスから依頼された諜報《ちょうほう》活動も引き受けます。1917年2月、スパイ容疑でフランスに逮捕され、同年10月に処刑されました。

chapter 6

「寛容な国」の行く末

3代続いた女王

二度の世界大戦を乗り越えた女王ウィルヘルミナは、1948年に長女のユリアナに譲位し、そのユリアナは1980年に長女のベアトリクスに譲位しました。これら3代の女王の配偶者はいずれもドイツ人で、ユリアナは1936年にドイツで行われたガルミッシュ・パルテンキルヘン冬季オリンピックで、ベアトリクスはドイツ貴族ヘッセン家当主の婚前パーティーでそれぞれパートナーと出会っています。オランダは地理的にもドイツと近く、オランイェ・ナッサウ家のルーツがドイツにあることなどから、王室の配偶者はドイツ人から選ばれるケースが多くなっています。

ただし、ベアトリクスはナチス・ドイツによるオランダ侵攻を経たあとでの結婚であり、配偶者のクラウスには、ナチスの青年組織であるヒトラー・ユーゲントに所属していた過去がありました。2人の結婚に対してオランダ国民から強い反発がありましたが、クラウスの誠実な人柄は国民から受け入れられていきました。

そんなベアトリクス夫妻の第一子として、1967年に生まれた現国王のウィレム・

オランダ王家（20世紀半ば〜21世紀）

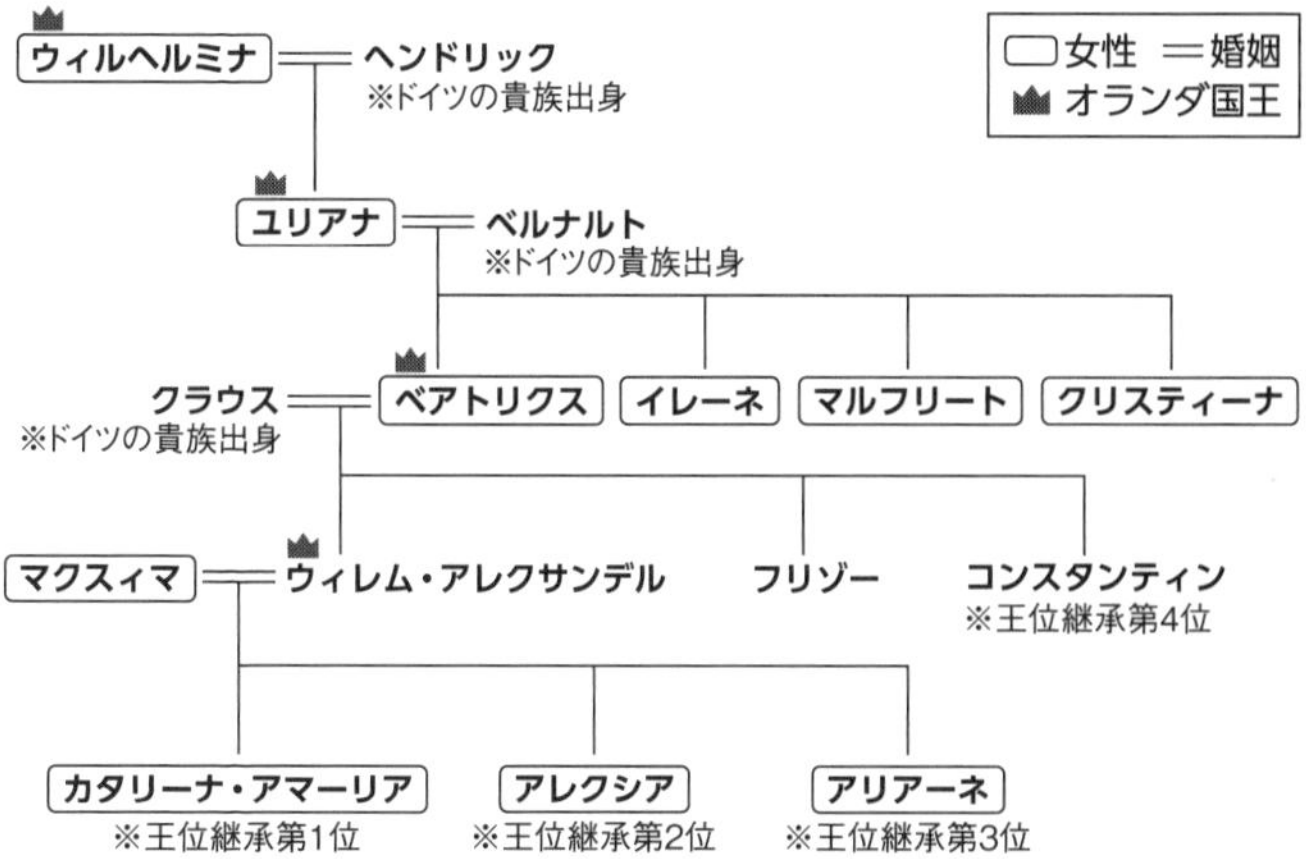

アレクサンデル（英語ではアレクサンダー）は、１１６年ぶりに誕生したオランダ王室直系の男子です。ウィレムは母の譲位を受けて２０１３年に即位しました。ウィレム３世が死去して以来、１２３年ぶりの男王です。

　このウィレムの妻であるマクスィマはアルゼンチン出身で、銀行員だった際、王太子だったウィレムと出会いました。オランダ王室はプロテスタントですが、マクスィマはカトリックです。しかも彼女の父親はアルゼンチンの軍事政権の閣僚で、拷問など人権侵害への加担も疑われていました。そのため、２人の結婚に反対するオランダ国民は少なくありませんでしたが、オランダ語の修得に努めるなど、マクスィマの真摯《しんし》な姿勢はしだいに国民から支持されていきました。なお、これらの王位継承はいずれも先王の生前退位によって行われており、今後も慣例化していくものと見られています。

中立方針を改めて西側陣営に

1945年10月、戦前の国際連盟に代わる国際機関として国際連合（国連）が発足しました。オランダは発足時に加盟していた51の原加盟国の一つです。ハーグの常設国際司法裁判所は国際連盟の解散にともなって消滅し、同じハーグに設置された国際司法裁判所がそ

の役割を引き継ぎました。1997年には化学兵器禁止機関（OPCW）もハーグに設置されています。

国連の設立に関しては同調していた二大国のアメリカとソ連でしたが、両国は対立の度合いを深めていき、世界はアメリカを盟主とする西側陣営とソ連を盟主とする東側陣営に分裂しました。こうして、1947年ごろを起点として始まったのが東西冷戦です。

大戦前は中立だったオランダでしたが、戦後は西側陣営としての立場を明確にし、アメリカ、イギリス、フランスなどと歩調を合わせることとなります。安全保障面での当時の課題は、ドイツの再軍備の阻止《そし》と、共産主義勢力による侵略からの防衛です。この目的のもと、1948年にオランダ、ベルギー、ルクセンブルク、イギリス、フランスの5カ国はブリュッセル条約を結びました。

敗戦後のドイツは戦勝国による分割統治を経て、1949年に西ドイツと東ドイツに分断されます。西側諸国の要請により再軍備が認められた西ドイツは、1954年にイタリアとともに前述の5カ国同盟に加わりました。この同盟は西ヨーロッパ連合（西欧同盟）と呼ばれています。また、1949年4月にはアメリカも加えた、より大きな枠組みの軍事同盟である「北大西洋条約機構」（ＮＡＴＯ）が西側陣営の国々によって設立され、オランダは原加盟国となりました。

欧州統合を主導する

終戦直後は安全保障に加えて、経済復興も切迫した課題でした。１９４８年には、かつてネーデルラント王国を構成していたオランダ、ベルギー、ルクセンブルクが、３カ国間の貿易における関税撤廃を目的とする「ベネルクス関税同盟」を結成しました。「ベネルクス」という言葉が使われるようになったのはこのときからです。ベネルクス関税同盟は、最終的には域内における単一市場の創設を目指したものであり、１９５８年に発足したヨーロッパ経済共同体（ＥＥＣ）へと発展していきました。

このＥＥＣの設立に尽力したのが、ドレース内閣の外相だったベイエンです。ヨーロッパには、１９５１年から石炭や鉄鋼の生産を共同管理するヨーロッパ石炭鉄鋼共同体（ＥＣＳＣ）という国際機関があり、ベネルクス三国とフランス、西ドイツ、イタリアの６カ国が加盟していました。ベイエンはこの６カ国間の関税同盟と単一市場の形成を目指し、その構想を下地にしたローマ条約の締結をもって発足したのがＥＥＣです。

ローマ条約ではＥＥＣのほか、原子力の共同開発を目的とするヨーロッパ原子力共同体（ＥＵＲＡＴＯＭ）も発足しました。このＥＵＲＡＴＯＭとＥＣＳＣ、ＥＥＣは１９６７年に統合され、ヨーロッパ共同体（ＥＣ）となります。前述の６カ国でスタートしたＥＣはその後、イギリス、アイルランド、デンマーク、ギリシャ、ポルトガル、スペインが加盟し、１９８６年には12カ国体制となりました。

欧州統合を目指す動きはその後も加速し、経済面だけでなく安全保障などにも踏み込んだ包括的な共同体が模索された結果、１９９２年にオランダ南部のリンブルフ州の都市マーストリヒトで署名されたマーストリヒト条約によって「ヨーロッパ連合」（ＥＵ）の創設が決まりました。翌１９９３年に発足したＥＵは、１９９９年に発効のアムステルダム条約、２００９年に発効のリスボン条約などを経て、安全保障政策が整備・強化され、前述の西ヨーロッパ連合は２０１１年に解消されました。

なおオランダでは２００２年に、それまでの通貨であるフルデンが新通貨であるユーロへと切り替わりました。

インドネシア独立戦争の勃発

国際協調体制の確立に向けて主導的な役割を担っていたオランダですが、インドネシアの独立をめぐる問題では、国際社会から大きな批判を受けることとなります。

話は1941年までさかのぼります。第二次世界大戦の勃発後、オランダ本国はドイツ軍に占領されましたが、オランダ領東インドでは植民地政府による統治が続いていました。同年12月、日本軍によるアメリカ・ハワイの真珠湾への攻撃とイギリス領マレー半島への侵攻が同時に行われると、植民地政府はただちに日本に宣戦布告します。両国は本格的な戦闘状態に入り、1942年3月に植民地政府は降伏しました。

その後、東インドは日本の統治下に入り、1945年8月の日本の降伏後は、民族運動を主導していたスカルノとハッタらによって独立が宣言されました。新しい国名は「インドネシア共和国」で、初代大統領はスカルノです。ところが、宗主国のオランダはこの独立を認めず、再び支配下に置くことを画策しました。こうして始まったのがインドネシア独立戦争です。

失敗に終わった連邦構想

当時のアメリカや国際世論は植民地支配に批判的でした。したがってオランダは、インドネシアを直接統治するのではなく、現地に傀儡国家を複数打ち立てることで影響力を残そうとしました。

1946年、スカルノの政敵でありインドネシア共和国の首相だったシャフリルとの間でオランダはリンガルジャティ協定を結び、インドネシア共和国の領土はジャワ島とスマトラ島とされ、それ以外の地域に成立する自治国などの宗主権はオランダが持つことになりました。ところが翌年、オランダ軍はジャワ島とスマトラ島の重要都市を占領してしまいます。1948年に結ばれたレンヴィル協定でオランダは支配域の拡大を認めさせますが、オランダみずからこの協定を反故《ほご》にして再び軍事行動を起こし、スカルノらを捕らえます。

この警察行動と呼ばれる二度にわたるオランダの侵攻を含め、1945年から1949年にかけてインドネシアでは10万人以上が死亡したと見られます。また、この戦争では第二次世界大戦後も現地に残っていた日本兵がインドネシアを支援する義勇軍として戦っていました。

戦争が長期化するなか、国際世論のきびしい批判にさらされたオランダはついに停戦に応じます。1949年8月から11月にかけて行われたハーグ円卓会議ではインドネシア共和国の独立が認められ、12月にはインドネシア連邦共和国が成立しました。共和国は主にジャワ島とスマトラ島で構成され、連邦共和国はこの共和国のほか、カリマンタン（ボルネオ）島やスラウェシ島の国々も構成国としています。オランダ領東インドの主権の譲渡先はこの連邦共和国であり、オランダの影響を排除したいインドネシアの民族主義者にとっては不満の残る合意でした。

とはいえ、オランダ軍を撤退できたのは大きな前進でした。共和国は自国以外の連邦構成国と地域に対し、共和国への合流を呼びかけます。武力衝突を交えながらも合流は進み、1950年8月に単一国家としてのインドネシア共和国が成立しました。

ただし、ニューギニア島の西部にあたる西イリアンの帰属に関しては、オランダとインドネシアの間で決まっておらず、1962年に両国は再び戦火を交えます。その後は国連の調停により、西イリアンでインドネシアの行政権が認められ、１９６９年の住民投票の結果、正式にインドネシア領となりました。

なお、第二次世界大戦中から途絶えていたオランダと日本の国交は、１９５２年に発効のサンフランシスコ平和条約で回復しました。戦時中のオランダ人捕虜のあつかいをめぐって生まれた、オランダの日本に対する悪感情はしばらく尾を引きましたが、皇室と王室の交流により双方のわだかまりは解消されていきました。

海外領土アンティルの解体

インドネシアはオランダからの完全独立を勝ち取りましたが、同国以外にも終戦後のオランダには海外領土がありました。南米のオランダ領ギアナと、カリブ海のオランダ

そのころ、日本では？

大戦後の日本は連合国軍の占領下に置かれていましたが、1951年に連合各国との間でサンフランシスコ平和条約を結び、翌年には主権を回復しました。さらに、同条約の締結と同時に、日本はアメリカとの間で日米安全保障条約を結んでいます。1956年には日本は国連に加盟しています。

オランダの海外領土

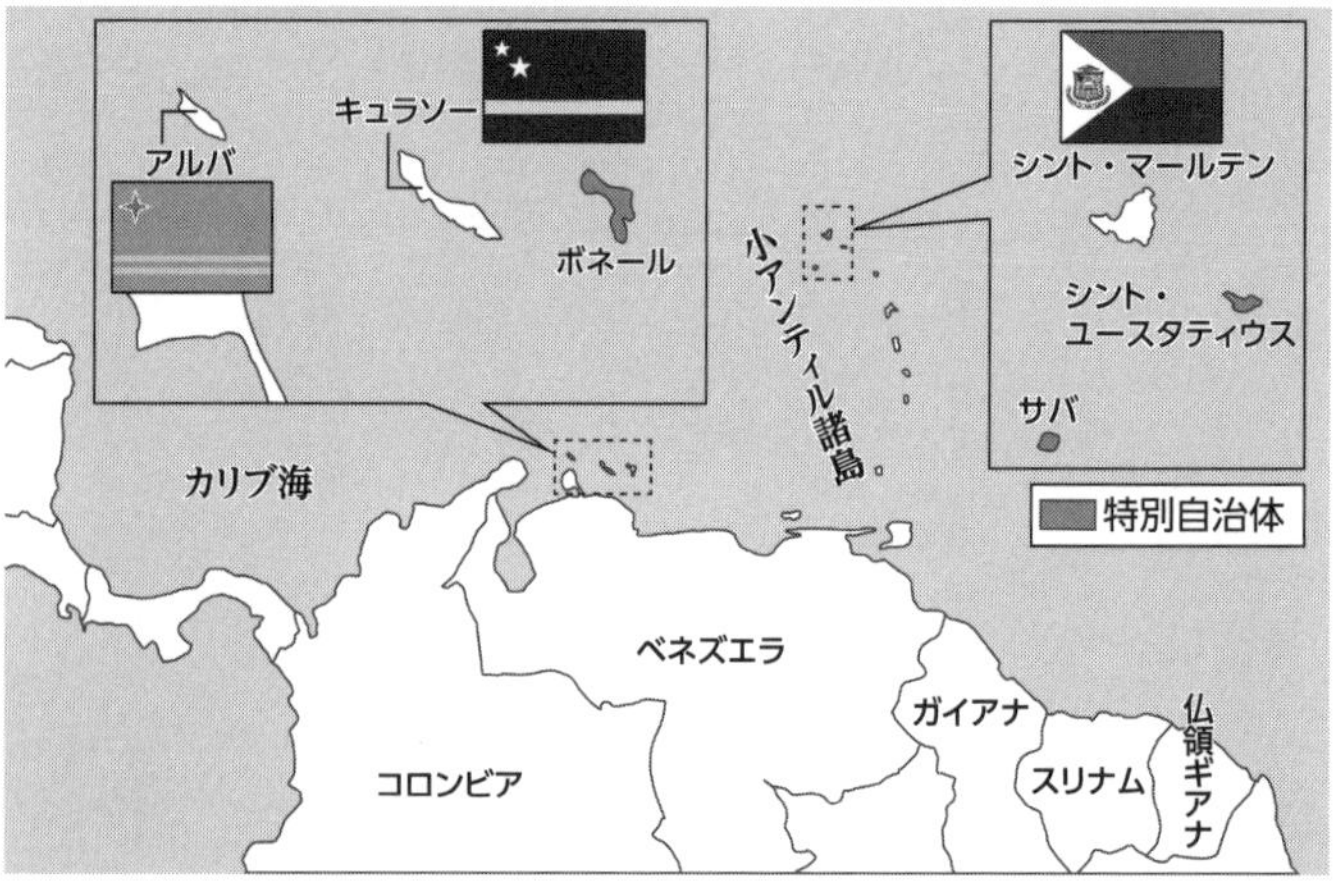

領西インド諸島です。これら海外領土とオランダ本国で構成されるのがオランダ王国（ネーデルラント王国）です。

オランダは１９４８年に植民地規定を改定し、それぞれの自治を認める方針に転換しました。１９５４年にはそれをもとにしたオランダ王国憲章が公布され、オランダ本国と自治領は対等な立場でオランダ王国を構成すると規定されています。

ギアナは１９５４年に自治権を獲得し、オランダとの交渉を経て、１９７５年にスリナム共和国として独立を果たしました。

一方のオランダ領西インド諸島は、西インド諸島の小アンティル諸島に属していたことから1954年にオランダ領アンティルに名称を変更し、同年に内政自治権を得ています。このオランダ領アンティルを構成するのはアルバ、ボネール、キュラソー、シント・マールテン、シント・ユースタティウス、サバの6島で、キュラソーはかつてオランダ西インド会社（WIC）の根拠地の一つだった場所です。

このうち、アルバは1986年にオランダ領アンティルから離脱し、単独でオランダ王国の構成国となります。それ以外の島でも自治を求める声が挙がっており、2010年にオランダ領アンティルは解体されました。ただし、自治領となったのはアルバに加え、キュラソーとシント・マールテンのみであり、ボネール、シント・ユースタティウス、サバの3島はオランダ本国に特別自治体として組み込まれました。これが現在のオランダ王国とオランダ本国の枠組みです。

毎年5％の驚異的な経済成長

ここからはオランダ本国の経済、政治、社会について見ていきます。

なぜオランダがインドネシアの植民地化にこだわったかといえば、同国が重要な経済基盤だったからにほかなりません。「東インドを失えば厄《やく》災《さい》を招く」というスローガンが掲げられるほど、インドネシアの独立はオランダにとって大きな痛手でしたが、戦後のオランダ経済は予想に反して飛躍的な回復を遂げました。

西ヨーロッパ復興を目的とするアメリカのマーシャル・プランによりオランダに給付された援助金は約10億ドルで、このうち初年度に受け取った約4億ドルは当時のオランダの国家予算の約3分の1に相当します。この巨額の援助金を元手に荒廃《こうはい》していた社会インフラを復旧させ、新たな設備投資なども進めていった結果、オランダ経済は1950年ごろには戦前の水準まで回復します。その後も1970年代まで、毎年約5%という驚異的な成長を続けました。

産業のなかでも、とりわけ高い成長率を示したのは石油精製、石油化学工業、金属工業などで、石油化学工業の中

そのころ、日本では？

オランダの経済成長とほぼ同時期、1950年代半ばからおよそ20年にわたって、日本の経済成長率は平均で毎年10%程度の伸びを記録していました。いわゆる高度経済成長です。1960年代末には、アメリカに次いで世界第２位のGNP（国民総生産）となりました。

心地であったユーロポート（ロッテルダム港）の貨物取扱量は、1965年にアメリカのニューヨーク港を抑えて世界1位になりました（2020年時点は7位）。また、アムステルダム・スキポール空港は戦後にいち早く復旧されたインフラの一つで、2019年時点ではヨーロッパの空港で第3位の旅客数を誇っています。

経済を立て直した政・労・使の協調

オランダ政府が戦後の経済復興に向けてとった手法は賃金と物価の統制です。生産コストの低下は国際競争力を高めることにもつながり、経済発展を後押ししました。

しかしながら、賃金の抑制は労働者からの反発を招きかねません。そこで政府は、経済政策を実施する際には労働者と雇用者の間で利害調整を行い、ストライキなど労使紛争を未然に防ぐよう努めました。このように、国家と利益集団の関係分析を通じて政策決定を行う考え方を「コーポラティズム」といい、とくに利益集団を政府・労働者・雇用者の三者に限定して分析する手法を「ネオ・コーポラティズム」といいます。

1950年ごろの政治を主導していたのは労働党出身の首相ドレースですが、オランダは19世紀中盤の政党政治の開始以来、今日に至るまでつねに連立政権が組まれており、ドレース政権の一翼《いちよく》はキリスト教勢力が担っていました。穏健な労使間の協調はキリスト教民主主義の理想と合致しており、ネオ・コーポラティズムの進展の背景にはオランダの柱状化社会（158ページ参照）があるといえるでしょう。

ドレースは社会保障など福祉制度の拡充に努めた政治家として、今なおオランダ国民から敬愛されています。ベール内閣の閣僚だった1947年には65歳以上を対象とする老齢年金給付のための特別立法を成立させ、首相としても1956年に65歳以上の高齢者に毎月給付金が支払われる一般老齢年金法を導入しました。今日のオランダが福祉国家となっている礎は、ドレースによって築かれたといっても過言ではありません。

奇跡をもたらした「オランダモデル」

順調に成長を続けていた経済は、1970年代に二度発生した石油危機で転機を迎えます。オランダ北部のフローニンゲン州の沿岸部では1959年にガス田が見つかっており、石油危機の際には天然ガスの輸出が増大しました。これにより自国通貨フルデン

（143ページ参照）の為替レートが高騰し、あわせて労働賃金も上昇します。一方で、為替レートの上昇がオランダ製品の国際競争力を低下させ、結果的に失業者が増加することとなったのです。天然資源の輸出拡大により国内製造業が低迷する現象は「オランダ病」と呼ばれています。

以降のオランダは、景気低迷と物価の上昇が同時に起こるスタグフレーションに見舞われ、失業率は一時14％に達しましたが、この不況を打開したのも政・労・使の協調でした。キリスト教民主アピール（キリスト教民主同盟）のルベルスが政権を率いていた1982年、南ホラント州のワッセナーで開かれた政・労・使による三者会議では、「労働組合は賃上げを要求しない」「経営者は労働時間を短縮して雇用を確保する」「政府は減税したうえで財政赤字の解消に努める」ことで合意しました（ワッセナー合意）。

ルベルス政権に続く労働党のコック政権でも労働関連法の改正は行われ、労働者1人あたりの労働時間を短縮して雇用を確保するワークシェアリングが普及していきます。政策の特筆すべき傾向としては、同一価値労働・同一賃金の原則をルール化し、フルタイム労働者とパートタイム労働者の待遇面などの格差を是正した点が挙げられます。つまり、正社員とパート従業員の区別なく、同等の労働に対して同じ賃金が支払われるようになったのです。この雇用改革は「オランダモデル」（あるいはポルダーモデル）と呼ばれます。

今日では、オランダの労働者は主に次の三つの働き方を選択できるようになりました。一つ目は週35時間以上で週休2日のフルタイム労働、二つ目は週20〜34時間で週休3日の大パートタイム労働、三つ目は週19時間以下で週休4日以上のハーフタイム労働です。

就業スタイルを柔軟に選べるようになったことは就業者の大幅な増加につながり、オランダの失業率は２００１年に約３％まで下落しました。１９８８年からの10年間では約１２０万人の新規雇用がありましたが、そのうち7割以上がパートタイム雇用です（ただし、パートタイム労働の多くは女性が担っており、主流となっているのは依然として男性のフルタイム労働）。当時のオランダは経済成長率でもヨーロッパ全体の平均値より高い水準で推移しており、失業率の低下と経済成長を同時に成し遂げたことは「オランダの奇跡《きせき》」とも呼ばれています。

ただし、雇用が拡大する一方で、失業保険の給付金は１９８６年に失業前の給与の80

%から70%に減額され、給付期間も2年半から6カ月に短縮されました。さらに1995年には給付受給者が職業訓練を受けることも義務づけられます。就業機会の拡大も含め、これらのことが示しているのは、オランダの雇用・福祉政策の給付型から参加型への転換です。そして参加型の雇用・福祉制度は、移民など特定の人たちの排除につながるという問題を新たに浮かび上がらせることとなりました。

「寛容な国」が抱える移民問題

オランダは「寛容な国」とも呼ばれていますが、その起源は近世以前にあるといえます。16世紀から17世紀にかけて行われたスペインとの戦争（八十年戦争）は、都市の自治を維持し、信仰の自由を守るための戦いであったということもできます。また、自由主義的経済を重視するオランダにとって、国内、あるいは貿易網から特定の民族を排除するという考え方は極めて非合理的でした。

したがってオランダは移民の受け入れに積極的であり、それは現代に入ってからも変わりません。戦前から終戦直後にかけてはインドネシアなど当時の植民地からの移民が多く、経済成長著しい1960年代以降はモロッコやトルコなどから大量の労働者が仕事を求めてやってきました。1980年代以降は中東からの難民も受け入れています。その結果、オランダではムスリム（イスラーム教徒）の人口が急増しました。

オランダは多文化主義の国でもあり、移民の子が通う学校では母国語や母国の文化を学ぶ授業が取り入れられ、テレビやラジオでは民族的マイノリティーに向けた放送も義務づけられていました。これらは移民政策における寛容さの表れといえますが、近年になって新たな問題が発生しました。オランダ社会との文化的・宗教的な距離感や差別などを背景に、移民2世・3世が社会から孤立するケースが増加しはじめているのです。

前述したように、オランダは給付型から参加型の雇用・福祉政策に舵を切り、また現代はより高度なコミュニケーション能力を要する第三次産業が隆盛を極めています。オランダにおける移民の就業率はオランダ人よりも低く、移民2世・3世の就業に向けたハードルは以前よりも上がっているといえます。職にありつけず、孤立した移民は社会に対して壁をつくり、社会も彼らを危険視するようになったのが、現代のオランダです。

それを象徴する事件が2000年代に起こっています。2002年にはイスラーム系移民の受け入れ禁止を主張する右翼政党の党首であるフォルタインが動物愛護団体の青年に射殺され、その2年後には同じく反イスラーム的な立場の映画監督テオ・ファン・ゴッホ（画家フィンセント・ファン・ゴッホの弟の子孫）がモロッコ系移民の3世に殺害されました。オランダの移民政策は大きな転機を迎えているといえるでしょう。

寛容と不寛容が入り交じる現代

この事件後もオランダ政界では右翼政党が躍進し、２０２３年7月現在はウィルダース率いる自由党が第二院で有力政党となっています。オランダではキリスト教勢力が必ず連立政権に加わっていましたが、１９９４年にはそれまで与党であったキリスト教民主アピールが総選挙で大敗し、労働党と自由民主国民党の連立によるコック政権が誕生しました。キリスト教勢力を含まない連立政権の誕生は１９１７年の普通選挙法の導入以来、初めてのことです。また、２０１０年から２０２３年7月現在まで首相を務めているリュテ（ルッテ）は自由民主国民党の党首であり、自由主義陣営の政治家が首相となったのは20世紀前半のコルト・ファン・デル・リンデン以来です。

こうした事態は有権者の宗教離れなどが原因とされており、19世紀後半からオランダ社会を構築していた柱状化社会がくずれたことを意味しています。柱状化社会では、主義・信条の異なる相手と距離を置きながらも存在自体は尊重しており、現代のオランダが寛容さを失いつつあることと柱状化社会の崩壊は無関係ではないのかもしれません。

しかし、依然としてオランダが、個人の自由と人権を最大限に尊重する国であることに変わりはありません。ルベルス政権時代の1993年には世界で初めて安楽死が立法化され、コック政権時代の2000年には同性婚を認める法律も世界で初めて成立しました。また、同年には売春も合法化され、職業の一つとして認められています。大麻などのソフトドラッグの使用が認められていることは日本でも有名ですが、これには多少の語弊《ごへい》があります。オランダでは国が定めるきびしい条件を満たした「コーヒーショップ」と呼ばれる店舗でのみソフトドラッグの販売が認められていますが、あくまで起訴されないというだけであり、厳密には違法行為です。

このように寛容と不寛容が入り交じりつつある現代のオランダが、今後どのような道を歩んでいくのか、世界中から注目されています。

知れば知るほどおもしろいオランダの偉人⑥

数々のヒット作を生んだ巨匠

ポール・バーホーベン

Paul Verhoeven

（1938 〜）

不道徳が蔓延する社会を風刺する

映画監督のバーホーベンは『ロボコップ』『トータル・リコール』『氷の微笑』などのヒット作を世に送り出したことで知られています。

1938年にアムステルダムで生まれ、ナチス・ドイツの占領下で幼少期を過ごしました。出世作となった1973年の『ルトガー・ハウアー／危険な愛』は翌年のアカデミー外国語映画賞にノミネートされました。同作で主演を務めたルトガー・ハウアー、同作や『氷の微笑』でカメラマンを務め、のちに『スピード』などのヒット作を生み出すヤン・デ・ボンもオランダ人です。

バーホーベン作品では過激な暴力と性的な表現が多用され、不道徳が蔓延《まんえん》する社会や戦争を風刺しています。代表作の一つであるSF映画『スターシップ・トゥルーパーズ』も、ナチス・ドイツを思わせる軍人が登場するなど、軍国主義への風刺が込められています。

オランダの歴史
年表

この年表は本書であつかったオランダを中心につくってあります。

下段の「世界と日本のできごと」と合わせて、理解を深めましょう。

年代	オランダのできごと	世界と日本のできごと
紀元前13年	ローマの属州として組み込まれる	世界 ローマが帝政に移行（紀元前27）
8世紀後半~	フランク王国の支配下に置かれる	日本 平安京に遷都（794）
15世紀半ば~	ブルゴーニュ公の支配下に置かれる	日本 応仁の乱が勃発（1467）
1548	ネーデルラント全域がハプスブルク家の支配下に置かれる	日本 キリスト教が伝来（1549）
1568	八十年戦争が勃発（~1648年まで）	世界 ユグノー戦争が勃発（1562）
1584	ウィレム1世が殺害される	日本 豊臣秀吉が全国統一（1590）
1648	ネーデルラント連邦共和国の独立が承認される	世界 三十年戦争が終結（1648）
1650	第一次無総督時代が始まる（~1672年まで）	日本 由井正雪の乱（1651）
1702	第二次無総督時代が始まる（~1747年まで）	世界 スペイン継承戦争が勃発（1701）
1795	ネーデルラント連邦共和国が崩壊し、バターフ共和国が成立	日本 寛政の改革が開始（1787）

1806	バターフ共和国が解体され、ホラント王国が成立	世界 神聖ローマ帝国が滅亡（1806）
1810	ホラント王国がフランス帝国領に組み込まれる	日本 フェートン号事件（1808）
1813	ネーデルラント王国の独立を宣言	世界 ライプツィヒの戦い（1813）
1815	即位したウィレム1世のもとネーデルラント王国が成立	世界 ドイツ連邦が成立（1815）
	ルクセンブルク大公国が成立（同君連合が成立）	日本 異国船打払令（1825）
1839	ベルギーの独立を承認（ベルギーが分離独立）	世界 アヘン戦争が勃発（1840）
1890	ルクセンブルクとの同君連合を解消	日本 大日本帝国憲法の発布（1889）
1940	ドイツ軍が侵攻し、占領される（～1945年まで）	日本 日独伊三国同盟を締結（1940）
1945	発足した国連の原加盟国となる	日本 日本国憲法を公布（1946）
1949	発足したNATOの原加盟国となる	世界 中華人民共和国が成立（1949）
	インドネシアの独立を承認	世界 朝鮮戦争が勃発（1950）
1975	スリナムが独立する	世界 ベトナム戦争が終結（1975）
1993	発足したEUの加盟国に名を連ねる	世界 ソヴィエト連邦崩壊（1991）
	世界で初めて安楽死が立法化される	日本 阪神・淡路大震災（1995）
2000	世界で初めて同性婚が法制化される	世界 アメリカ同時多発テロ（2001）

参考文献

『反転する福祉国家 オランダモデルの光と影』水島治郎(岩波書店)
『戦後オランダの政治構造 ネオ・コーポラティズムと所得政策』水島治郎(東京大学出版会)
『年報政治学 72巻(2021)1号』「オランダ：「完全比例代表制」の1世紀 」水島治郎(日本政治学会)
『現代世界の陛下たち デモクラシーと王室・皇室』水島治郎・君塚直隆編著(ミネルヴァ書房)
『アンネ・フランクはひとりじゃなかった アムステルダムの小さな広場 1933-1945』リアン・フェルフーフェン著、水島治郎・佐藤弘幸訳(みすず書房)
『月刊みすず2021年12月号』「オードリー・ヘプバーンとアンネ・フランク アムステルダムの空の下で」水島治郎(みすず書房)
『図説 オランダの歴史 改訂新版』佐藤弘幸(河出書房新社)
『物語 オランダの歴史 大航海時代から「寛容」国家の現代まで』桜田美津夫(中公新書)
『オランダ小史 先史時代から今日まで』ペーター・J・リートベルゲン著、肥塚隆訳(かまくら春秋社)
『オランダを知るための60章』長坂寿久(明石書店)
『新版 世界各国史 14.スイス・ベネルクス史』森田安一編、斎藤絅子・佐藤弘幸・河原温・津田由美子著(山川出版社)
『近世オランダ治水史』中澤聡(東京大学出版会)
『オランダ 水に囲まれた暮らし』ヤコブ・フォッセスタイン著、谷下雅義編訳(中央大学出版部)
『科学史ライブラリー オランダ科学史』K. ファン・ベルケル著、塚原東吾訳(朝倉書店)
『近代ヨーロッパの誕生 オランダからイギリスへ』玉木俊明(講談社)
『興亡の世界史 東インド会社とアジアの海』羽田正(講談社学術文庫)
『平成蘭学事始 江戸・長崎の日蘭交流史話』片桐一男(智書房)
『お雇い外国人 明治日本の脇役たち』梅溪昇 (講談社学術文庫)
『近代日本の政治構想とオランダ 増補新装版』大久保健晴(東京大学出版会)
『アジア・太平洋戦争と石油 戦備・戦略・対外政策』岩間敏(吉川弘文館)
『オランダモデル 制度疲労なき成熟社会』長坂寿久(日本経済新聞社)
『新装版 人と思想 62 エラスムス』斎藤美洲(清水書院)
『リッツォーリ版 世界美術全集 2 Bosch』座右宝刊行会編(集英社)
『BSSギャラリー 世界の巨匠 ボッス』カール・リンフェルト著、西村規矩夫・岡部紘三訳(美術出版社)
『ウィーン美術史 美術館所蔵 栄光のオランダ・フランドル絵画展カタログ』神戸市立博物館・読売新聞大阪本社編(読売新聞大阪本社)
『スピノザ 人間の自由の哲学』吉田量彦(講談社現代新書)
『新装版 人と思想 178 グロティウス』柳原正治(清水書院)
『フェルメール 作品と生涯』小林頼子 (角川ソフィア文庫)
『レンブラント 光と影の魔術師』パスカル・ボナフー著、高階秀爾監修、村上尚子訳(創元社)
『ゴッホ』日本アート・センター編、高階秀爾解説(新潮美術文庫)
『マタ・ハリ伝 100年目の真実』サム・ワーヘナー著、井上篤夫訳(えにし書房)
『マックス・ハーフェラール、もしくはオランダ商事会社のコーヒー競売』ムルタトゥーリ

[監修]
水島治郎（みずしま・じろう）
1967年、東京都生まれ。千葉大学大学院社会科学研究院教授。東京大学大学院法学政治学研究科博士課程修了。博士（法学）。専門はオランダ政治史、ヨーロッパ比較政治。著書に『反転する福祉国家ーオランダモデルの光と影』（2012年、岩波書店、損保ジャパン記念財団賞受賞）、『ポピュリズムとは何か』（2016年、中公新書、石橋湛山賞受賞）、『隠れ家と広場ー移民都市アムステルダムのユダヤ人』（2023年、みすず書房）ほか。

編集・構成／造事務所
ブックデザイン／井上祥邦（yockdesign）
イラスト／ suwakaho
協力／大河内賢、村中崇
写真／〈p4〉funboxphoto/shutterstock.com、〈p5〉Aerovista Luchtfotografie/shutterstock.com、〈p8〉Tom Asz/shutterstock.com、〈p10〉meunierd/shutterstock.com

世界と日本がわかる　国ぐにの歴史
一冊でわかるオランダ史

2023年 8 月20日　初版印刷
2023年 8 月30日　初版発行

監　修　　水島治郎

発行者　　小野寺優
発行所　　株式会社河出書房新社
〒151-0051
東京都渋谷区千駄ヶ谷2-32-2
電話03-3404-1201（営業）
03-3404-8611（編集）
https://www.kawade.co.jp/
組　版　　株式会社造事務所
印刷・製本　凸版印刷株式会社

Printed in Japan
ISBN978-4-309-81117-8

「世界と日本がわかる 国ぐにの歴史」シリーズ